Susanne Breit-Keßler (Hrsg.)

Mal ehrlich!

Sieben Wochen ohne Lügen

DER BEGLEITER DURCH DIE FASTENZEIT

edition chrismon

Fotonachweise:
Cover: Verena Brüning, S. 9: Mario Wezel,
S. 29: Anna-Kristina Bauer, S. 51: Gesche Jäger,
S. 73: Roman Pawlowski, S. 95: Lena Giovanazzi,
S. 121: Jörg Brüggemann, S. 139: Eva Häberl

Bibliografische Information der Deutschen Nationalbibliothek: Die Deutsche Nationalbibliothek verzeichnet diese Publikation in der Deutschen Nationalbibliografie; detaillierte bibliografische Daten sind im Internet über http://dnb.d-nb.de abrufbar.

Das Buch wurde auf alterungsbeständigem Papier gedruckt.

Cover: Hansiches Druck- und Verlagshaus, Frankfurt/Main, Elina Hartlaub
Satz: Formenorm, Friederike Arndt, Leipzig
Druck und Bindung: BELTZ Bad Langensalza GmbH

ISBN 978-3-96038-172-3

www.eva-leipzig.de

Inhalt

Vorwort

Susanne Breit-Keßler

„Lügen haben kurze Beine" – dieses Sprichwort wurde mir als Kind nachdrücklich vermittelt. Meine Eltern legten Wert darauf, dass ich immer die Wahrheit sagte. Sie selbst waren auch immer ehrlich, zueinander und zu mir. Das war – bei Gott – nicht immer angenehm. Aber ich merkte schnell: Die Wahrheit entlastet. Sie macht wirklich frei, wie es Jesus Christus sagt.

Die Wahrheit kostet Kraft und Mut. Denn wir leben in einer Welt, in der die Lüge pathologisch inszeniert wird. In vermeintlich sozialen Netzwerken tummeln sich mental asoziale Menschen, die ihren Lebenssinn darin erkannt haben, andere vernichtend zu attackieren. Kein sachliches Argument, keine faire Diskussion. Kein Anstand und kein Respekt. Es wird gemobbt, was das Zeug hält. Erwachsene geben ungeprüft Falschmeldungen weiter, reproduzieren immer wieder die gleichen Lügen auf ihren Internetseiten. Wahrheit ist kein hohes Gut mehr – sie wird auf dem Altar der Emotionalisierung und der Hysterie geopfert. Was zählt, ist nur noch die eigene, unfundierte empfundene Meinung.

Mal ehrlich: Es ist notwendig, dagegen anzugehen. Gegen Denunziationen, vermeintliche „Fake News" und „Alternative Fakten". Bert Brecht sagt: „Wer die Wahrheit nicht weiß, der ist bloß ein Dummkopf. Aber wer sie weiß und sie eine Lüge nennt, der ist ein Verbrecher!" Harte Worte, denn es ist eben nicht immer leicht, den Tatsachen ins Auge zu schauen.

Gelegentlich braucht es Zeit, sich der Wahrheit zu stellen, sie zu erkennen, ihr die Herzenstür zu öffnen und sie in die eigene Lebensgeschichte zu integrieren. Aber ganz ehrlich, so lässt es sich leben!

7 WOCHEN OHNE

Die Wahrheit suchen

1

Die Wahrheit suchen

Susanne Breit-Keßler

BIBLISCHE MINIATUR ZU PS 25,4–7

Die Sünden der Jugend – so viele werden das bei den meisten Menschen Gott sei Dank nicht sein. Wer ehrlich mit sich und anderen ist, wird vielleicht von einem Vollrausch erzählen, den er oder sie sich eingefangen hat. Man wollte sich erwachsen geben, ist den Verlockungen des Alkohols anheimgefallen und hat seine Wirkung absolut falsch eingeschätzt. Einmal reicht gemeinhin und man weiß: Das war wirklich Mist! Mache ich nie wieder.

Genauso wie die Haschzigarette, die einem den Kreislauf in die Höhe getrieben und den kompletten Tag vermiest hat, nur diesen einen Auftritt hatte. Bloß nicht nochmal dieses vermaledeite Zeug ... Geklaute Brausestäbchen, voll Angst hinuntergewürgt. Der heimliche Griff in den Geldbeutel der Eltern. Wildes Geknutsche mit einem wildfremden Jungen auf dem Volksfest. Wie gesagt: Normalerweise passiert so etwas einmal und es reicht. Man merkt selber: Das tut nicht gut.

Es ist wichtig, zurückzuschauen, sich zu erinnern und ehrlich vor sich selbst, vor einem anderen Menschen, vor Gott zu bekennen: Ja, das habe ich gemacht. Ich bin aus Protest falschen Gurus hoffnungsvoll hinterhergelaufen, war in dem Moment verrückt, ausgelassen, überdreht, in einer ganz schwierigen Phase oder einfach bloß dumm. Diese Einsicht ist wichtig, weil man dadurch neue Irrtümer vermeiden kann und viel barmherziger mit anderen wird, die einem einen Blödsinn gestehen.

> “Als junger Mensch weiß man alles und vor allen Dingen alles immer besser.”

Und: Es ist großartig, einen Gott zu haben, dem man diese Geschichten erzählen kann und der vermutlich wissend nickt. Er war ja dabei ... Möglicherweise hat er sogar hie und da milde und weise gelächelt, weil er wusste, dass unsereins schon wieder auf dem richtigen Weg war.

Gewiss hat dem Herrgott auch manche Dummheit gewaltige Sorgen gemacht: Ob dieses Menschenkind wohl allein oder wenigstens mit fremder Hilfe zurück zur Wahrheit findet? Oder wird dieser junge Mann, dieses Mädchen sich und anderen etwas vormachen, einen langen Abhang hinunterrutschen, um schließlich in einem scheußlichen Abgrund zu landen? Kann alles sein, wenn man nicht auf die eigene innere Stimme hört oder auf die Einsichten derer, die einem herzlich zugeneigt sind und sehen, worauf man da zusteuert. Als junger Mensch weiß man alles und vor allen Dingen alles immer besser.

Leite mich in deiner Wahrheit und lehre mich. Das ist die Erkenntnis eines Mannes, einer Frau, die ganz genau wissen und spüren: Ich brauche Anleitung für mein Leben. Ich kann nicht alles selber hinkriegen, weil ich nicht immer und sofort weiß, was richtig und was falsch ist. Ich harre, warte auf einen gütigen und barmherzigen Gott, mit dessen Hilfe ich mich auf die Suche nach der Wahrheit machen kann. Denn ein Besitz ist sie nicht, die Wahrheit. Das merkt man erst mit den Jahren.

GOTT HILFT – SEIT URZEITEN

In meinem Vikarskurs hatte ich einen heftigen Zusammenstoß mit einem anderen Vikar. Ich sollte doch endlich aufhören, so zu reden, als ob es so etwas wie Wahrheit gäbe. Wenn es sie vielleicht gäbe, so wäre sie für uns Menschen auf jeden Fall nicht erkennbar. Wir würden doch nur immer unsere Vermutungen über die Wahrheit an die Stelle der Wahrheit setzen. Da dann jeder seine eigene Wahrheit habe, sei die Suche nach Wahrheit der Anfang des Unfriedens. Wir sollten in der Kirche nicht mehr von Überzeugungen und Positionen reden, denn das bedeute in der Folge die Ausgrenzung derer, die eine andere Position hätten. Also zerstöre die Suche nach der Wahrheit Gemeinschaft. Es gebe keine Wahrheit, sondern nur ein Besser oder Schlechter. Das reiche für die notwendige alltägliche Orientierung.

An diesem Denkansatz ist etwas dran. Zweifellos hat der Streit um die Wahrheit unendlich viel Zank ausgelöst. Kriege wurden und werden – angeblich – um die Frage geführt, wer die rechte religiöse Wahrheit hat. Allzu schnell endet der Streit um die Wahrheit in Rechthaberei. Andererseits: Redet die Bibel nicht sehr groß von der Wahrheit? Ja, hat sich Jesus selbst nicht als die Wahrheit bezeichnet (Joh 14,6)? Können wir im Ringen um Orientierung auf Wahrheit verzichten? Um es vorwegzusagen: Nein, wir können auf die Frage nach der Wahrheit nicht verzichten.

Ohne Suche nach der Wahrheit sind wir orientierungslos im Ozean der Meinungen und Fakten, der Ideologien und der Wissenschaften. Aber wir haben die Wahrheit auch nicht einfach zu unserer Verfügung. Wir haben sie nicht in unserer Tasche und können nicht im Bund mit ihr die Welt in Gut und Böse einteilen. Es ist sehr hilfreich zu sehen, wie die Bibel von der Wahrheit redet.

In Psalm 25, dessen Verse nach der Weise eines weisheitlichen Lehrgedichtes in der Originalsprache, im Hebräischen, alphabetisch geordnet sind, heißt es zum Beispiel:

> *„Zeige mir die Wege, Herr, die du bestimmst!*
> *Und lehre mich, deinen Pfaden zu folgen!*
> *Bringe mir bei, nach deiner Wahrheit zu leben!*
> *Denn du bist es, Gott, der mir hilft!*
> *Und so will ich auf dich hoffen, den ganzen Tag!*
> *Denk an deine Barmherzigkeit und Güte, Herr!*
> *Denn schon seit Urzeiten handelst du danach.*
> *Aber an meine Vergehen sollst du nicht denken –*
> *auch nicht an die Sünden aus meinen Jugendtagen!*
> *Denk so an mich, wie es deiner Güte entspricht!*
> *Du meinst es doch gut mit mir, Herr.“*
> *(Ps 25,4–7 nach der BasisBibel)*

Für den alttestamentlichen Beter ist es keine Frage, ob es Wahrheit gibt. Er geht davon aus und möchte, dass sie die

Basis für sein Leben ist. Aber diese Wahrheit ist nicht, wie in unserem heutigen Bewusstsein, die Übereinstimmung einer Aussage mit einem Sachverhalt. Es geht also nicht um den richtigen Ausdruck der Wirklichkeit in unseren Worten. Der eine Ausdruck bezeichnet dann das Verhältnis zur Wirklichkeit zutreffend und der andere nicht. Der eine ist dann „wahr" und der andere „falsch". Für die Bibel ist Wahrheit eine Eigenschaft. Wahr ist etwas oder jemand, wenn es oder die Person zuverlässig ist. Deswegen ist Wahrheit zuerst eine Eigenschaft Gottes. Gott ist wahr oder – ich könnte auch sagen – treu oder zuverlässig. Wenn etwas wahr ist, dann kann ich damit leben. Deswegen möchte der Beter von Gott lernen, nach Gottes Wahrheit zu leben.

Gott und seine Wahrheit sind ein fester Grund, auf dem man sein Leben aufbauen kann. Aber diese Wahrheit kann man nicht lernen, wie man mathematische Formeln lernt oder die Jahreszahlen von geschichtlichen Ereignissen auswendig lernt. Mit Gott kann man leben, indem man ihm vertraut. Weil er schon in der Vergangenheit geholfen hat, „seit Urzeiten", und weil der Beter weiß, dass Gott es nur gut mit ihm meinen kann. Selbstkritisch weiß der Beter um sein früheres Versagen und seine alten Sünden. Aber er hat das Zutrauen, dass Gott ihn nicht – wie wir es bei Menschen immer wieder erfahren – auf diese Sünde festlegt. Gottes Wahrheit ist eine lebensdienliche Wahrheit. Sie ermöglicht neue Anfänge. Sie ermutigt zu konkreten neuen Schritten. Ich weiß sie aber nicht für alle Zeiten im Voraus, sondern ich lerne sie so, dass sie hilft, das Morgen zu gestalten.

Wer glaubt, hofft auf Gott. Dadurch entsteht eine persönliche Beziehung zu Gott, die allerdings nicht inhaltsleer ist wie manches Reden von „meinem Gott“ oder „meinem Herrn Jesus“, sondern die täglich gefüllt ist mit dem Hören auf das Wort Gottes. So findet, wer Gott vertraut, ganz praktisch Orientierung für jeden Tag. Durch das Hören und Leben mit dem Wort Gottes zeigt uns Gott seine Wege.

In diesem Sinn müssen wir auch weiter von der Wahrheit reden. Am Ende steht nicht Beliebigkeit. Es hat nicht jeder seine eigene Wahrheit. Der Populismus dreht die Tatsachen so, dass er am Ende seine eigene Wahrheit hat. Doch auf den Beifall der Massen kann man kein Leben und keine Gesellschaft aufbauen. Wir brauchen Gottes lebensförderliche Wahrheit, auch wenn wir sie anderen nicht beweisen oder demonstrieren können. Wir können sie aber erfahren und in Jesus Christus, dem Mensch gewordenen Willen Gottes, erkennen. Wir suchen weiter die Wahrheit, weil wir sie erfahren haben. Wir haben sie erfahren, weil wir sie suchen. Gottes Wahrheit ist zuverlässig, und seine vornehmste Eigenschaft ist Treue.

Hans-Jürgen Abromeit

Die Wahrheit suchen – konkret

Beate Hofmann

Der alte Indianer hatte wettergegerbte Haut und dunkles, halblanges Haar, durchzogen von silbernen Strähnen. Am Zügel führte er einen gescheckten Mustang, auf dem ein etwa fünfjähriges Kind saß, was sich an der Mähne des Pferdes festklammerte und uns mit weit aufgerissenen Augen neugierig anschaute.

Wir waren Besucher aus einer anderen Welt. Unser Auto stand unweit am Wegesrand, und wir suchten Orientierung. Auf dem Weg zum Reservat der Küstenindianer hatten wir uns verfahren, und der alte Mann kam uns wie gerufen. Erst auf Englisch, dann gestikulierend und mit Zeichensprache auf den tief im Tal schäumenden Fraser River deutend, versuchten wir ihm eine Wegbeschreibung zum Lachscamp seines Stammes zu entlocken. Er schien zu verstehen, sprach einige für uns unverständliche Sätze und zeigte nachdrücklich auf einen schmalen Fahrweg, der sich am Berghang entlangschlängelte. Dann schnalzte er kurz mit der Zunge und verschwand zwischen den ausgetrockneten Salbeibüschen. Wir waren dankbar, auch wenn wir wenig verstanden hatten, stiegen ins Auto und folgten dem Fahrweg einige Kilometer. Als dieser schließlich weit oberhalb des Flusses in einer Sackgasse endete, waren wir nicht nur ärgerlich, sondern richtig enttäuscht. Der Alte hatte uns offenbar ganz bewusst einen Weg geschickt, der uns in die Irre führte. Das gibt's doch nicht!

Wir konnten es kaum glauben, dass uns einer der Stammesältesten den falschen Weg weist. In den Büchern und Filmen unserer Jugend sagten die Indianer immer die Wahrheit – ganz anders als die weißen Eindringlinge.

Es blieb uns nichts anderes übrig, als umständlich zu wenden, zurückzufahren und weiterzusuchen.

Wir fanden den Weg dann doch noch. Die Einmündung zum Lachscamp, für das wir Karten im Touristenbüro gekauft hatten, lag unweit unserer Begegnungsstelle, führte aber genau in die andere Richtung. Im Camp wartete eine junge Indianerin auf uns, und der Nachmittag nahm eine gute Wendung. In perfektem Englisch, freundlich und weltgewandt führte sie uns in die Denk- und Lebensweise ihres Stammes ein. An den leckeren, fangfrischen Lachs und das duftende, gebackene Bannok-Brot denke ich gerne zurück. Dass uns der alte Mann in die Irre geschickt hatte, konnten wir nicht einordnen und erzählten davon. Die junge Frau lachte herzhaft, dann entschuldigte sie sich für den Alten und erzählte, dass er dies nicht zum ersten Mal getan hatte. Er konnte einfach nicht verstehen, wie man Fremde, Touristen wie uns, in die Lebenswelt seines Stammes einlud, obwohl die Weißen Schuld am Niedergang seiner Kultur tragen. Seine Sicht auf die Dinge war geprägt von Abgrenzung und Bewahrung der Werte des Stammes. Die jüngeren Ratsmitglieder dagegen waren der Meinung, dass mit den Touristen Geld zu verdienen war und dass die Begegnungen gut für die Zukunft des Stammes wären.

Kein Wunder, dass er uns in die Irre geschickt hatte. Die Wahrheit des Alten war eine andere als die Wahrheit der Jungen. Aus seiner Sicht heraus schien es sehr vernünftig, uns von dem Besuch abzuhalten.

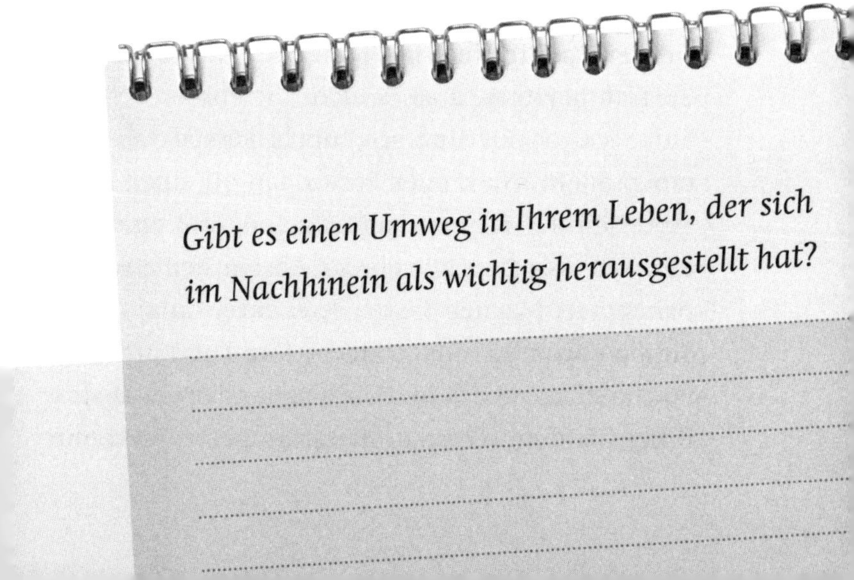

Uns hat diese Begegnung nachdenklich gemacht. Denn auch bei uns prallen häufig ganz unterschiedliche Meinungen und Sichtweisen aufeinander. Jeder scheint aus seiner Sicht Recht zu haben. Was also ist die Wahrheit? Gibt es überhaupt eine einzige Wahrheit? Vielleicht geht es vielmehr darum, offen zu bleiben. Wer sich mit dieser Haltung auf die Suche nach Antworten begibt, der wird Herz und Hirn nutzen. Nach innen hören, den Bildern der Seele trauen, sich für Weg-Weisung öffnen und der eigenen Intuition folgen. Das braucht Zeit, Mut, und es schließt Umwege mit ein.

Doch selbst Umwege erhöhen die Ortskenntnis – diese Erfahrung haben wir jedenfalls aus unserem Erlebnis mitgenommen.

Coaching-to-go-Tipps für die Suche nach Wahrheit:

- Den Perspektivwechsel spielerisch üben: Machen Sie sich bewusst, dass es nicht die absolute Wahrheit, sondern nur unterschiedliche Perspektiven auf einen Sachverhalt oder Positionen zu einer Frage gibt. Nehmen Sie häufiger eine andere Perspektive ein, wenn Sie dazu neigen, mit Absolutheit etwas zu behaupten. Machen Sie ein Spiel daraus und fragen Sie sich beispielsweise: Welche Wahrheit hätte ein Fünfjähriger, ein Hundertjähriger oder ein australischer Ureinwohner zu dieser Frage beizutragen?

Denken Sie daran: ein Wechsel der Sichtweise macht unsere Sicht weise.

- Das Körpergefühl trainieren: Bei der Wahrheitssuche ist unser Bauchgefühl häufig ein wichtiger Ratgeber. Wer nur rational nach Antworten sucht, der verzichtet auf eine Fähigkeit, die uns darüber hinaus gegeben ist. Um unsere Intuition zu schulen, benötigen wir Zeiten der Stille, in denen wir dem eigenen Atem folgen, wieder bemerken, was uns anspannt oder entspannt. Wenn Sie sensibel für das eigene Empfinden sind, werden Sie anderen Menschen einfühlsamer begegnen und durchlässiger für den Geist und die Wahrheit Gottes. Gönnen Sie sich diese Woche täglich sieben Minuten Zeit der Stille, um Ihr Körpergefühl zu trainieren.
- Den Suchtrupp erweitern: Die Wahrheit ist manchmal verschüttet, und sie traut sich häufig nur zögernd „ans Licht". Wie nach einem Erdrutsch, so ist es auch hier wichtig, sich Hilfe zu holen, wenn etwas verschüttet ist. Wer oder was können Sie unterstützen, wenn Sie nach der Wahrheit suchen? Trauen Sie sich zu fragen und um Unterstützung zu bitten, wo Sie allein nicht weiterkommen. Welche drei Personen könnten Ihnen helfen?

ZWISCHEN SPÜLKASTEN UND SPIEGELSCHRANK

Alles hatte einmal ganz einfach begonnen. Erst mit den Jahren waren die Dinge kompliziert geworden. Inzwischen waren sie für Susanne kaum mehr zu überschauen. Am Anfang stand eine kleine Notlüge. Sie hatte längst vergessen, worum es damals eigentlich ging. Nur, dass es sie es gut meinte, daran hatte sich Susanne erinnert. Nur diese eine kleine Lüge. War der andere nicht bereit für die Wahrheit? War sie selbst, Susanne, nicht bereit für die Wahrheit?

Bald darauf war die Welt von Susanne kompliziert geworden. Zu der kleinen Notlüge war eine zweite gekommen, um den schönen Schein der ersten Lüge aufrechtzuerhalten. Bald kam eine dritte dazu. Hier und da eine kleine Übertreibung, um sich selbst ins rechte Licht zu rücken. Sie mühte sich nach Kräften, um sich zu erinnern, wem sie was gesagt hatte. Bald hatte sie sich verstrickt. Die Wahrheit war in weite Ferne gerückt. Nun brauchte die Lüge mehr Kraft als die Wahrheit. Es war anstrengender, die Lüge am Leben zu erhalten, als die Wahrheit in den Blick zu nehmen.

In ihrer Not hatte Susanne begonnen, kleine Klebezettel als Erinnerungen zu verwenden. Auf jedem Zettel ein kurzer Hinweis, eine Lüge, an die sie sich erinnern musste. Der erste Zettel klebte am Spiegel. Als der voll war, klebte Susanne die Zettel an den Türrahmen. Das war ohnehin prak-

tisch, wenn sie Menschen an der Tür abwimmelte. Ihre Wohnung konnte jetzt niemand mehr betreten. Sie war ein Rückzugsraum für ihre Lügen geworden. Bald waren auch die Schranktüren und Sessellehnen voller Zettel. Selbst die Wände zierte ein Meer aus bunten Klebezetteln voller Lügen. Und immer wollte Susanne nur das Beste. Meinte es gut mit den Menschen. Mit den Jahren waren die Dinge kompliziert geworden. Die Lügen waren ihr über den Kopf gewachsen. Zu lange schon investierte sie in eine Illusion, die andere ihr Leben nannten.

Es geschah an einem Mittwochmorgen. Susanne hatte sich gerade mit schweren Schritten ins Badezimmer geschleppt. Da packte sie der Schreck. Ihr Blick fiel auf einen leeren Zettel. Zwischen Spülkasten und Spiegelschrank hing ein gelber Klebezettel. Darauf: Nichts! Einen Moment war Susanne beunruhigt. Panik stieg in ihr auf. Was hatte sie vergessen? Es überkam sie die Angst, dass ihr Lügengebäude einstürzen konnte. Als nichts mehr ging, rettete sie das Klingeln des Postboten. Kurzes Innehalten. Auch für ihn hatte sie einen kleinen Klebezettel am Türrahmen befestigt. Einen gelben, wie passend. Sie arbeite heute im Homeoffice, sei aber sehr beschäftigt. Über ihre Arbeitslosigkeit wollte sie nicht mehr sprechen. Jetzt starrte sie auf den leeren Klebezettel zwischen Spülkasten und Spiegelschrank. Sekunden vergehen. Da wird aus der Leere plötzlich Freiheit. Da, wo nichts ist, ist Platz für die Wahrheit.

Jetzt geht Susanne zum Spiegel. Sie nimmt den vergilbten Klebezettel vom Spiegel, mit dem einmal alles angefangen hatte. Plötzlich sieht sie alles ganz klar. Und da spürt sie in sich die Sehnsucht nach der Wahrheit, die frei macht. Die Sehnsucht nach der Wahrheit, die ihr Leben einfach macht. Die Sehnsucht, die Kraft endlich ins Leben zu stecken und nicht in die Lebenslügen. Zettel für Zettel nimmt sie jetzt vom Spiegel ab. Mit jedem Zettel, den sie zerknüllt, wächst das Gefühl, dass eine Last von ihr abfällt und die Freiheit wächst. Den einen oder anderen Zettel nimmt sie genauer in den Blick: der Streit mit der Familie. Mehr Sein als Schein. Wie viel Kraft war in all die Lügen und die Selbststilisierung geflossen? Die längst überfälligen Lebenslügen. Die nicht verarbeiteten Kränkungen. Endlich zu sich stehen. Endlich das eigene Leben leben. Einen barmherzigen Blick auf sich selbst einnehmen.

Als Susanne die letzten Klebezettel vom Spiegel abgenommen und die Lügen abgetragen hatte, konnte sie zum ersten Mal wieder sich selbst sehen. Und da war Kraft. Kraft zu leben mit einer Wahrheit, die frei macht. Für die Begegnung mit sich selbst und mit anderen. Mit jedem Zettel, den Susanne von der Schrankwand und den Wänden abnahm, wurde ihr das Herz ein wenig leichter, das Leben ein wenig befreiter und aufrechter. Zuletzt blieb nur der leere Zettel zwischen Spülkasten und Spiegelschrank.

Ramón Seliger

DAS GEBET UM WAHRHEIT

Herr, zeige mir deine Wege
und lehre mich deine Steige!
Leite mich nach deiner Wahrheit und lehre mich!
Denn du bist der Gott, der mir hilft;
täglich harre ich auf dich.
(Ps 25,4f)

Wahrheit ist ein Lebensmittel. Für jeden Einzelnen und für jede Gesellschaft insgesamt ist sie lebensnotwendig. In Lügen verstrickt, im Nebel der Täuschungen verirrt, in der Dunkelheit des Nichtwissens gefangen, kann nichts Gutes gedeihen und gelingen. Menschen können sich nicht begegnen, von Angesicht zu Angesicht. Die Herausforderungen des Tages können nicht gesehen, eingeschätzt und angenommen werden. Das Gute und das Gerechte wird nicht beachtet, geachtet und als gemeinsames Ziel aller anerkannt. Deshalb: Unsere tägliche Wahrheit gib uns heute!

Wahrheit ist nicht einfach da und zweifelsfrei gegeben. Man muss sich schon selbst auf den Weg machen und sie suchen. Dabei helfen ein wacher Blick, ein geschärfter Verstand, Neugier und Nüchternheit, die Lust, Unbekanntes zu entdecken, und die Bereitschaft, sich kritisieren zu lassen. Das hatte immer schon und hat gegenwärtig wieder besonders dringlich eine politische Dimension: Volksverführer und Gewalthaber haben ein existenzielles Interesse daran und ein erschreckendes Geschick darin, Wahrheit zu verdrehen, kritisches Denken, Sprechen und Schreiben zu verleumden, der Lüge zur Herrschaft zu verhelfen. Deshalb: Mache uns zu Botschaftern der Wahrheit!

Jeder Mensch ist zur Wahrheit berufen und befähigt. Sie ist nicht Wissenschaftlern und Expertinnen vorbehalten, sondern eine Sache für jedermann und jede Frau, sogar jedes Kind. Jeder Mensch hat Augen zu sehen, Ohren zu hören und einen Verstand, um Richtiges und Falsches zu unterscheiden. Darin liegt nicht die geringste der Lebensfreude. Jeder Mensch hat aber auch einen Mund und steht deshalb in der Verpflichtung, selbst keine Lügen oder Halbwahrheiten zu verbreiten, sondern in allem, was er von sich gibt, diesem Anspruch zu genügen. Deshalb: Selig sind, die die Wahrheit sagen!

Aber die Wahrheit ist immer mehr als das, was ein Mensch vermag. Sie übersteigt in ihrer Größe, Weite, Tiefe, Schönheit und Intensität alles Menschenmögliche. Deshalb sind Menschen immer auch darauf angewiesen, dass die Wahrheit zu ihnen kommt, das Gute sie ergreift, die Gerechtigkeit sie überwindet, der Geist sie erfüllt. Aus diesem Grund muss das Gebet um Wahrheit kein Widerspruch zum eigenen Streben nach Wahrheit sein. Deshalb: Zeige uns deine Wahrheit und leite uns nach ihr!

Johann Hinrich Claussen

Welche Situationen fallen Ihnen ein, für die Sie Gott um den Mut zur Wahrheit bitten möchten?

Fragen auf der Suche nach Wahrheit

Susanne Niemeyer

Glaubst du nur, was du siehst? Ist dir Wahrheit oder Wirklichkeit lieber? Was ist der Unterschied? Wie oft am Tag lügst du? Hast du jetzt ein schlechtes Gewissen? Wem gegenüber? Weiß Gott alles? Wenn ja: Ist das nicht langweilig? Ist das Gegenteil von Wahrheit der Irrtum oder die Lüge? Ist eine Lüge kreativer als die Wahrheit? Ist Diplomatie das schönere Wort für Lüge? Kann man über eine Wahrheit abstimmen? Würdest du lieber in einer Welt leben, in der es nur Schwarz und Weiß gibt? Muss man eine Wahrheit beweisen können? Wem glaubst du? Würdest du jemandem glauben, der von sich behauptet, er sei die Wahrheit in Person? Und wenn er Jesus heißt? Muss man Menschen vor bestimmten Wahrheiten schützen? Muss man die Wahrheit vor Menschen schützen? Hat die Wahrheit immer Recht? Zeigt ein Spiegel dein wahres Gesicht? Obwohl es spiegelverkehrt ist? Kann man tatsächlich im Besitz der Wahrheit sein? Und wenn ja: Was kostet sie?

Die Wahrheit erkennen / 2

7 WOCHEN OHNE

Die Wahrheit erkennen

Susanne Breit-Keßler

BIBLISCHE MINIATUR
ZU GEN 3,1–7

Die Schlange verführt mit dem Hinweis: Ihr werdet sein wie Gott. Ein attraktives Angebot. Eva ist interessiert. Sie möchte ihren Horizont erweitern. Erst durch Wissensdurst geht es ja im Leben vorwärts. Der Drang nach Erkenntnis, nach Leben ist dem Menschen als Geschenk von vornherein mitgegeben. Das ist wunderbar, und doch liegt darin ein Problem. Alles erkennen, wissen und machen zu wollen, kann zerstörerisch sein.

Maßstäbe können verlorengehen, Grenzen können überschritten werden. Was dient dem Menschen, was nützt den anderen Geschöpfen und der Umwelt? Wo bricht Allmachtswahn durch, in dem sich Wissenschaftler selbst zum Gott hochstilisieren? Alles erkennen, wissen und machen zu wollen, was machbar ist, ist ein möglicher Sündenfall von Wissenschaft oder Politik. Und unser eigener, wenn wir etwa für die Arbeit alles tun, ohne auf die eigene Seele, den Geist und den Körper zu achten.

Eva ist wichtiger als alles andere, sich noch mehr Erkenntnis zu verschaffen. Sie will selbst Göttin sein. Was tut Adam? Er macht mit. Der Allmachtswahn ist eine Seite des Sündenfalls, das Mitläufertum die andere – beides ist bei beiden Geschlechtern zu finden. Und beides hat verheerende Wirkungen. Vor allem, wenn Größenwahn, geistig-soziale Trägheit und blinder Gehorsam in einer Gesellschaft zusammenkommen.

Aber – obwohl Eva und in ihrem Gefolge Adam jeden Maßstab verlieren und Grenzen überschreiten, gewinnen sie Erkenntnisse, die sie vorher nicht hatten. Der biblische Gott ist kein Moralapostel, der mit dem Finger droht und auf die besinnungslose Einhaltung von Vorschriften pocht. Eva lernt ihn kennen als einen, der Menschen noch in ihrem größten Aufstand und selbst in ihrem tiefsten Scheitern neue Einsichten und Erfahrungen schenkt.

Der Schriftsteller George Bernanos hat einmal gesagt: „Gesegnet die Fehltritte, die Scham in uns hinterlassen." Nur so lernt man tatsächlich etwas dazu. Jeder Mensch muss Antwort geben, hat Verantwortung für sein Tun zu übernehmen. Wer Verantwortung hat, wird ernst genommen. Er kann seine Sicht der Dinge vortragen. Es gibt die Freiheit, sich zu verteidigen, wenn Mann und Frau falsch gewählt und sich gegen die Wahrheit entschieden haben.

Eins ist klar: Eva trägt wie jede Frau und jeder Mann Verantwortung für das, was sie denkt, redet und tut – gleich, ob sie mutlos und schwach oder tapfer und zuversichtlich ist. Diese Verantwortung ist ein Zeichen von Würde und Freiheit. Und die sind nicht zum Nulltarif zu haben. Die Lust an der Wahrheit, daran, sie zu erkennen, hat Folgen, die nicht nur angenehm sind. Mit dem Paradies ist es dann jedenfalls regelmäßig vorbei.

In welchen Situationen erkennen Sie selbst Eva oder Adam in sich – den Allmachtswahn oder das Mitläufertum?

TANZ DURCHS PARADIES

Warmes Licht fiel in den Garten.
Gleich würde der Sabbat beginnen.
Er hatte Kirschen gepflückt, zwei Hände voll süßer, roter Kirschen.
Die Büsche wisperten freundlich.
Die Freesien dufteten wie die Rosen.
Die hohe Palme wippte mit dem Wind.
Sie nahm die Kirschen entgegen. Zögerte nur kurz.
„Woher kommen die? Von welchem Baum sind die?“
Er zeigte auf einen am Rand. Er hing voller Rot.
Sie nickte. Schien sich zu freuen.
Und dann naschte sie. Ihre Lippen wurden rot.
Er hätte sie gerne geküsst.
Kauend, mit vollem Mund, fragte sie:
„Wollen wir auch noch von den anderen kosten?“
Er schwieg. Musste schmunzeln.
Neugier weckte sie ja jeden Morgen.
Sie schien immer noch etwas zu entdecken.
Sie spuckte einen Kirschkern in ihre Hand.
Legte den Kopf schräg und fragte:
„Wie werden die anderen schmecken? Was meinst du denn?
Er zuckte mit den Schultern.
Sie leckte sich die Finger. „Ich habe Lust, mehr zu probieren.“

Mit einem eleganten Ruck stand sie auf.
Spazierte über die Wiese, weg von ihm.
Berührte hier einen Stamm, da ein paar hängende Blätter.
Lehnte sich kurz an den Mandelbaum.
Streichelte die Zeder.
Und bewunderte den Granatapfelbaum.
Sie kannten doch schon so viele. Ihm reichte es.
Sie warf ihm Luftküsse zu.
‚Wie schön sie war, wenn sie so durch den Garten tanzte', dachte er.
Und konnte sein Glück kaum fassen.
Sie setzte sich auf die Schaukel, nahm Schwung und flog Richtung Himmel.
„Danke für alles!", rief sie lauthals in seine Richtung.
Und sprang ab, landete auf ihren Füßen im Gras.
Sie blieb prüfend stehen, pflückte und brachte ihm eine Limette.
Hielt ihm die grüne, kleine Frucht direkt unter die Nase.
„Wie die duftet!", sagte sie verträumt. Sie sang den Satz fast.
Er wandte sich ab.
„Wir dürfen die Früchte der Bäume im Garten essen. Das hat Gott gesagt."
Ihre Stimme klang würdevoll und dabei auch ein bisschen keck.
„Komm, wir finden heraus, wie die anderen schmecken."

Er blieb sitzen. Im Schneidersitz, unter dem Olivenbaum im Schatten.
„Welche ist wohl die leckerste?“, fragte sie ihn. „Die allerleckerste?“
Sie neckte ihn schon wieder. Tanzte weiter.
Er wurde unruhig. Er wünschte, sie würde Blumen pflücken, nicht die Früchte.
Er wünschte, sie würde nicht alles probieren wollen.
Er wünschte, es wäre klarer, was gut war für sie und was nicht.
Aber er wusste es nicht.
Sie stand bei seinem Lieblingsbaum.
Pflückte, brachte ihm eine Frucht: „Ich weiß schon, dass du diese hier magst!“
In Gedanken hatte er ihr den Namen „Feige“ verliehen.
Sie hängte sich zwei Kirschen, die aneinanderhingen, über ihr Ohr.
Es sah kindlich aus, verspielt. Etwas in ihm mochte es, wenn sie so war.
Sie mochte die roten Kirschen und sie mochte ihn.
Schickte ihm ein großes Lächeln. Ging wieder. Und winkte.
Hielt plötzlich inne. In der Mitte des Gartens.
Sie stand bei dem Lieblichen, dem Lustigen, Besonderen.
Und ging nicht weiter, sondern senkte den Blick.
Sprach sie etwa mit jemand? Aber mit wem denn? Was genau tat sie da?

Sein Herz schlug schneller.
In ihr Herz schlängelte sich eine Idee.
Die Wahrheit. Aber nicht die ganze Wahrheit.
Die nackte Wahrheit. Aber nicht ihre Konsequenzen.
Wenn du selbst entscheiden willst, was böse ist, was gut, passst du nicht mehr hierher.
Die kluge Wahrheit einer Schlange. Aber nicht ihre Folgen.
Du wirst das Paradies verlassen müssen –
und dir eine Welt erobern, voller Glück und Einschränkungen und Feindseligkeiten.
Nichts als die Wahrheit.
Sie kam zu ihm zurück.
Wie anders sie mit einem Mal aussieht. Sie wirkt so – erwachsen, dachte er.
Sie verhüllte ihren schönen Busen mit ihrem Arm.
Reichte ihm zum wiederholten Mal eine Frucht.
Eine neue, andere.
Schön sah sie aus.
„Was ist passiert?", wollte er wissen, während er probierte.
Und er mochte sehr, wie sie ihm schmeckte.
„Wir können hier nicht bleiben", sagt sie nur.
Und flüsterte ehrfürchtig:
„Es ist zu klein für uns. Wir müssen weiter."
„Du bist zu weit gegangen!", sagt er überrascht und vorwurfsvoll.

Sie sah ihm tief in die Augen: „Aber wir leben!"
Ihre Blicke trafen sich, hielten einander, fest verschlungen.
Sie erkannten sich. Sie zogen einander an.
Und merkten, dass sie unangezogen waren.
Ganz so, wie Gott sie schuf.
„Und was jetzt?", fragte er.
„Die Blätter von deinem Lieblingsbaum werden uns kleiden", meinte sie.
Da rauschte ganz plötzlich alles Laub aller Bäume auf ein Mal.
Ein sanfter, aber großer Wind ging durch den Garten.
Sie guckten aufmerksam um sich.
„Wir sind nicht alleine", sagten beide gleichzeitig.
Und diese Erkenntnis machte sie leicht und froh.

Christina Brudereck

Vertrauenssache

Martin Hauger

Ein Deo wirbt mit 24 Stunden Schutz, ein Schokoriegel wird als „Extra Portion Milch“ angepriesen, und ein Joghurt stärkt angeblich die Abwehrkräfte. Sind das Lügen oder lässliche Übertreibungen? Die reine Wahrheit ist es jedenfalls nicht.

Werbung will verführen. Sie will nicht aufklären, sondern etwas verkaufen. Sie übertreibt, inszeniert, manipuliert; echte Lügen in Form objektiver Falschaussagen sind eher selten.

An Wahrheit ist Werbung aber auch nicht gelegen. Sie will Wünsche wecken, Versprechungen machen, Vertrauen gewinnen. Ihre Methoden sind nicht neu. Sie geht listig vor, wie die Schlange im Paradiesgarten. Die wäre ein exzellenter Marketingstratege. Auch sie will verführen. Was sie sagt, ist strenggenommen keine Lüge. Sie stellt Fragen, sät Zweifel. Sie zitiert richtig, wenn auch nicht vollständig. Sie setzt Aussage gegen Aussage.

Adam und Eva haben keine Möglichkeit, die Wahrheit dessen zu überprüfen, was die Schlange behauptet. Es sei denn, sie lassen es darauf ankommen. Die Wahrheitsfrage wird zur Vertrauensfrage.

Geschickt vermag es die Schlange, einen Keil zwischen Gott und das erste Menschenpaar zu treiben und die Sehnsüchte der beiden anzustacheln. „Sollte Gott gesagt haben …“ Ja, was hat er eigentlich genau gesagt? Die Lüge entsteht in Adams und Evas Kopf. Sie beginnt mit dem Zweifel. Will Gott uns etwas vorenthalten? Wer weiß, ob wir wirklich sterben? Mit dem Zweifel wächst die Bereitschaft, den Versprechungen der Schlange zu glauben. Die verspricht, was Adam und Eva sich ohnehin wünschen – nur ohne Nebenwirkungen.

In vielen Fällen ist die Wahrheitsfrage nicht eine Frage des Nachweises, sondern des Vertrauens. Das gilt besonders im Falle von Versprechungen. Nicht nur in der Werbung. Auch in der Politik, im Arztzimmer, in der Religion. Ob das, was uns da verheißen wird, wahr ist, können wir oft nur in begrenztem Umfang prüfen. Wir lassen uns darauf ein, in der Hoffnung, dass die angebotene Wahrheit trägt, dass die darin gesetzte Hoffnung sich erfüllt.

Wahrheit hat in der Bibel viel mit Beziehung zu tun. Im Neuen Testament ist es die Beziehung zu einer Person. Jesus sagt von sich: Ich bin der Weg, die Wahrheit und das Leben. Die Wahrheit des Evangeliums lässt sich nicht beweisen, auch wenn sich Gründe für den christlichen Glauben anführen lassen. Die Glaubwürdigkeit der christlichen Botschaft hängt an der

Vertrauenswürdigkeit Jesu. Christus will uns nichts „andrehen“. Es ist seine radikale Selbsthingabe, die das Evangelium glaubwürdig macht. Aber auch in vielen anderen Bereichen ist es so: Wo uns die Bereitschaft begegnet, für eine Wahrheit persönlich und selbstlos einzustehen, wachsen Vertrauens- und Glaubwürdigkeit. Auch dort, wo es zwar gute Gründe und echte Hoffnung gibt, aber keine absoluten Beweise.

Stellen Sie sich vor, Sie lebten nicht in einer freiheitlichen Demokratie: Wie weit würden Sie für die Wahrheit persönlich und selbstlos einstehen, wenn Ihre Aufrichtigkeit politische oder gesellschaftliche Repressionen nach sich ziehen würde?

Die Wahrheit erkennen – konkret

Beate Hofmann

Erkenntnis verpflichtet! Und je bedeutsamer die Erkenntnis ist, desto schwerer die Last der Verantwortung, die damit verbunden ist.

Vor gut sechzig Jahren, am 13. April 1957, veröffentlichten Tageszeitungen in ganz Deutschland einen Appell von 18 Atomphysikern gegen die Gefahren der Ausrüstung der Bundeswehr mit Atomwaffen. Ich kann mir vorstellen, dass jeder von ihnen im Vorfeld schwer gerungen hat, wie er sich verhalten soll. Sie alle hatten mit ihren Forschungen dazu beigetragen, Atomkraft nutzbar zu machen. Und nun wurden die US-amerikanischen Truppen mit Atomwaffen ausgerüstet. Offiziell sprachen Politiker verharmlosend von „Umrüstung".

In Deutschland gab es heftige Diskussionen, ob die neugegründete Bundeswehr ebenfalls mit derartigen Waffen ausgerüstet werden sollte. Führende Kernphysiker, unter ihnen Otto Hahn und Carl Friedrich von Weizsäcker, fühlten sich verpflichtet, die Politik aufzurütteln. Doch das schien nicht zu gelingen, denn Bundeskanzler Konrad Adenauer stellte der Presse gegenüber diese Atomwaffen als „besondere normale

Waffen" dar. Möglich, dass es diese Untertreibung war, die letztlich dazu führte, dass sich die besorgten Wissenschaftler mit einer Presseerklärung an die gesamte Öffentlichkeit wandten.

„Unsere Tätigkeit belädt uns mit einer Verantwortung für die möglichen Folgen dieser Tätigkeit", schrieben sie, und weiter: „Für ein kleines Land wie die Bundesrepublik glauben wir, daß es sich heute noch am besten schützt und den Weltfrieden noch am ehesten fördert, wenn es ausdrücklich und freiwillig auf den Besitz von Atomwaffen jeder Art verzichtet."

Tatsächlich schlug diese „Göttinger Erklärung" ein wie eine Bombe. Dass sich Wissenschaftler öffentlich in die Politik einmischen, war ein No-Go. Der Verteidigungsminister wies den Appell als „leichtfertiges Experiment" zurück und sprach den Wissenschaftlern ausreichende Kenntnisse über militärische und politische Zusammenhänge ab. Die breite Öffentlichkeit sah das anders.

Zahlreiche Menschen, unter ihnen Prominente wie Karl Barth oder Gustav Heinemann, evangelische Landeskirchen, der DGB und viele mehr, waren dankbar, dass die Wahrheit über die Gefahr der Waffen an die Öffentlichkeit drang. Viele weitere Appelle und Zusammenschlüsse von Wissenschaftlern weltweit haben dazu beigetragen, dass die atomare Aufrüstung gebremst wurde. Alle betonten, dass sie für eine friedliche Nutzung der Atomenergie zur Verfügung stünden, doch dass wir uns auf die Prinzipien der Menschlichkeit besinnen müssten, wollten wir unsere Zukunft auf der Erde nicht gefährden. Denn nicht alles, was machbar sei, sollten wir tatsächlich machen. Die Frage, ob etwas ethisch zu verantworten ist, muss bei aller technischen Brillanz unmittelbar dazu gestellt werden.

Welche „Frucht" pflücken wir heute vom „Baum der Erkenntnis" und was bedeutet das für unser Miteinander? Digitalisierung, Gentechnik oder künstliche Intelligenz sind Forschungsthemen, die uns aktuell bewegen. Es gibt keine einfachen Antworten zu deren Entwicklung und Anwendung. Erkenntnis ist nicht ohne Verantwortung zu haben. Es gibt keinen leichteren Weg, als miteinander offen, wahrhaftig und klar zu reden. Alternative Fakten helfen niemandem weiter. Das gilt für die weltbewegenden Wahrheiten ebenso wie für die persönlichen, die uns im Alltag betreffen.

Coaching-to-go-Tipps für den Umgang mit der erkannten Wahrheit:

- Verantwortung übernehmen: Prüfen Sie in Ihrem persönlichen und beruflichen Leben, wie Sie mit Wahrheit umgehen. Wo vermeiden Sie wahrhaftige

Aussagen, weil es unbequem oder unangenehm ist, sie zu benennen?

- Früchte der Erkenntnis dosieren: In Zeiten des World Wide Web sind unsere Möglichkeiten zur Information nahezu unbegrenzt. Das ist einerseits sehr erhellend und wichtig, andererseits kann es uns auch überfordern. Jede Information will verarbeitet werden, und daher müssen wir selbst auswählen, welche Erkenntnisse wir aktuell brauchen. Sind Sie in der Lage, die Dosis Ihrer Informationen so zu gestalten, dass sie Ihnen noch guttun und dass Sie gewinnbringend damit umgehen können? Digital Detox bedeutet, sich der Datenflut zu entziehen und selbstbestimmt offline zu gehen, um nicht unterzugehen. Prüfen Sie, wie viel Information für Sie in dieser Woche dran ist.

ZU GEN 3,1–7 DIE WAHRHEIT ERKENNEN

Ich habe gehört, Sie kümmern sich um Vernachlässigte. Von Anfang an, seit Beginn der Menschheitsgeschichte, gehöre ich zu den diskriminierten Wesen auf Erden. Gestatten Sie, dass ich mich vorstelle. Ich bin die Schlange aus dem Paradies. Persönlich sind wir uns noch nicht begegnet. Denn ständig schleiche ich mich davon. Das Aufeinandertreffen mit Menschen hat mich oft genug manche Haut gekostet. Ihr mögt mich nicht. Einige haben sogar Angst vor mir. Nötig wäre das nicht, denn ich bin ein genügsames Wesen. Mit einer gefressenen Maus kann ich drei Tage glücklich sein. Die Wurzel allen Übels liegt in einer Begegnung.

Es war ein Tag wie jeder andere; paradiesisch ereignislos. Ich räkelte mich in der Sonne, sortierte meine Gedanken, lag unterm schönsten Baum des Gartens. Da kamen diese Zweibeiner daher, dieser Erdklumpen Adam mit seiner Klumpanin Eva. Hätte es damals schon eine Pisa-Studie gegeben, die beiden wären auf dem letzten Platz gelandet. Der reinste Bildungsnotstand herrschte bei ihnen. Die hatten keine Ahnung, was die wesentlichen Fragen des Lebens anging. Wer bin ich? Wohin will ich? Gibt es mehr als diesen Garten? Und die sollten die Krone der Schöpfung sein, über allen Tieren herrschen? Immerhin wurden wir Schlangen weit vor diesen Menschen erschaffen!

Irgendwie muss der Schöpfer Langeweile gehabt haben, als er mit Matsch herumspielte und das Töpfern entdeckte. Und das Ergebnis waren Adam und seine wohlgeformtere Klumpanin. Beide sollten Unikate sein. Doch leider gingen sie später in Serie. Die Frau besaß wohl etwas mehr Hirn. An jenem Tag standen sie vor dem Baum, unter dem ich lag. Sie bewunderten seine Früchte. „Ach, wie schön. Sieh mal, wie saftig der glänzt", schwärmte Eva. „Nun labert nicht lange herum. Pflückt euch diese Vitaminbombe und setzt euch zu mir ins schattige Gras", empfahl ich. „Das dürfen wir nicht", erwiderte Eva. Ein Verbot? Augenblicklich war ich hellwach. „Warum dürft ihr das nicht? Die Äpfel sind doch reif und lecker," fragte ich nach, weil ich alles genau wissen wollte.

Und plötzlich tischte sie mir eine seltsame Geschichte auf. Der Schöpfer habe gesagt, sie müssten sterben, sollten sie von diesem Baum essen. Was für ein Blödsinn! Wenn etwas gut war in diesem langweiligen Paradies, dann dieses biodynamische Futter. Alles gedieh hier ohne Pestizide und Dioxine. Und sterben? Das kannten wir nicht. Da musste Eva den Tonkünstler missverstanden haben. „Eva, du wirst doch nicht gleich sterben von so einem bisschen Obst", lag mir auf meiner gespaltenen Zunge. Doch ich stutzte. Wenn der Schöpfer das gesagt haben sollte, musste ein tieferer Sinn darin liegen. Ich grübelte nach. Sollte es eine Prüfung sein? Gab es in Eden auch Grenzen für das nackige, freie Leben der Menschen? Wir lebten in einem

Stadium selbstvergessener Kindheit. Keiner musste irgendeine Verantwortung tragen. Für alle war gesorgt. Wir kannten keine Entbehrungen, keine grauen Haare, keine Schulden auf dem Konto – einfach paradiesisch. Und vor allem: Der Tod war uns nicht bekannt.

Vielleicht gab es irgendwo Grenzen? Eden konnte nicht unendlich sein. Nur bisher hatten wir nie darüber nachgedacht. Gab es ein Jenseits von Eden? Warum war nicht alles erlaubt? Ich musste es herausfinden. Am späten Nachmittag wagte ich ein Experiment. Meine Versuchsobjekte waren Adam und seine Klumpanin. Ich wollte testen, was passiert, wenn sie den Apfel essen. One apple a day keeps all sickness away, oder? Ein bisschen Obst kann doch nicht schaden? Wenn diese Früchte nur wachsen, damit sie der Schöpfer essen darf, warum dürfen sie als Gottes Ebenbilder nicht auch davon essen? Dann wären sie echte Ebenbilder, ganz auf Augenhöhe mit Gott. Das überzeugte Eva, die trotz ihrer blonden Haare heller war als Adam. Sie aßen beide davon. Was haben die zugebissen!

> „Eva, du wirst doch nicht gleich sterben von so einem bisschen Obst!"

Doch danach war nichts mehr wie zuvor. Für alle war es ein Schock. Diese bedauerlichen Kreaturen landeten auf dem Boden splitternackter Tatsachen. Sie wollten wie Gott sein und standen als erbärmliche Nackedeis in Eden herum.

Das war kein schöner Anblick, bei Adam noch weniger als bei Eva. Plötzlich erkannten sie einander. Sie verspürten Scham voreinander und vor Gott. Die Sorge machte die Runde, sie könnten sich mit dem Tod infiziert haben. Ich hatte mich gründlich geirrt. Mit meiner blöden Fragerei hatte ich diesen Mist nun ins Paradies geholt. Und es kam, wie es kommen musste. Eine Frage stand im Raum, größer als ein afrikanischer Elefant: Wo bist du Adam? Beide fingen an, sich vor ihrem Töpfer zu verstecken wie Mäuse vor dem Bussard. Sie schlugen sich in die Büsche und bedeckten ihre Körper mit Blättern. Wo bist du Adam? Eine Antwort blieb aus. Eisiges Schweigen herrschte zwischen Bild und Ebenbildern. So standen sie da: nackt, elend, bloß und über ihre Tat erschrocken, wie Heimatvertriebene, die sich nach nichts mehr sehnten, als nach Heimkehr ins Land der Unschuld. Das war nun nicht mehr Edens Krönung. Das kräftige Zubeißen war ihnen vergangen. Entfremdet von der Leichtigkeit ihres einstigen Seins, schmeckte ihnen das Leben nicht mehr. Für sie galt nun: Früher war alles besser. Und ich soll an allem schuld gewesen sein.

Siegfried Eckert

Unaussprechlich schön

Susanne Niemeyer

Gestern um 16 Uhr 13 wollte ich W. küssen. Sein Hals ist weich, und es gibt da ein Grübchen, wo sein T-Shirt die Haut berührt. Es ist milchkaffeebraun, und ich wüsste gern, wie es schmeckt.

Dann wurde es 16 Uhr 14, ich stand auf, trank einen Schluck Wasser und erkundigte mich nach seinen Kindern, und der Moment war vorbei. Ich legte ihn beiseite, wie einen runden Stein, den man am Meeressaum aufhebt und bewundert und dann wieder ins Wasser wirft. Ich widerstehe, ihn zu nehmen. Weil er zu Hause, zwischen Stiften und Kontoauszügen nicht mehr leuchten würde. So sind manche Wahrheiten: schön in ihrer Unaussprechbarkeit.

Fallen Ihnen so unaussprechlich schöne Momente wie dieser aus Ihrem Leben ein?

7 WOCHEN OHNE

Ehrlich zueinander sein / 3

Ehrlich zueinander sein

BIBLISCHE MINIATUR ZU KOL 3,8–11

Susanne Breit-Keßler

Sich gegenseitig die Wahrheit sagen. Nicht lügen. Nicht mehr hintenherum lästern, nicht boshaft klatschen, nicht vor Wut mit jeder Gemeinheit dieser Welt herausplatzen, keinen mehr schlechtmachen. Ein hehres Ziel. Und man ist geneigt, dem unverzüglich zuzustimmen, weil das alles ja sofort einleuchtend ist. Vor allem dann, wenn man sich selbst in der Opferrolle sieht. Wer mag schon Gegenstand unfairen Getratsches sein?

Es ist einfach schrecklich, dieses Gefühl: Die Kollegen reden über mich. Die Nachbarn scheinen Dinge über mich zu wissen, von denen ich keine Ahnung habe. In der Familie oder im Freundeskreis bin ich sozusagen „talk of the town“, aber keiner spricht mit mir. Was ist los? Habe ich etwas falsch gemacht, mich peinlich danebenbenommen? Sehe ich unmöglich aus und merke es nicht? Es wäre schon schön, wenn man mir sagen würde, was los ist.

Gut, wenn ein Mensch ein Gefühl dafür bekommt, wie schmerzlich es ist, ausgegrenzt zu sein, ein Objekt für andere, die sich dadurch verlustieren, andere schlechtzumachen. Dann fällt es einem deutlich leichter, bei solchen gehässigen Tribunalen nicht mitzumachen. Ganz im Sinne von Luthers Auslegung zum achten Gebot. Das heißt ja bekanntermaßen: „Du sollst nicht falsch Zeugnis reden wider deinen Nächsten."

> „Ehrlich miteinander sein. Das braucht Liebe zum anderen."

Luther erläuterte: „Wir sollen Gott fürchten und lieben, dass wir unsern Nächsten nicht belügen, verraten, verleumden oder seinen Ruf verderben, sondern sollen ihn entschuldigen, Gutes von ihm reden und alles zum Besten kehren." Das ist der Weg, miteinander anständig und fair umzugehen. Mehr noch: dem Negativen, das man bei jedem Menschen entdecken kann, etwas Gutes hinzufügen, das Liebenswürdige oben draufsetzen wie die Zierkirsche auf eine Torte.

Was aber, wenn einem anderen gegenüber ganz ehrlich Kritisches angemerkt werden muss oder sollte? Man kann dem Partner, der Freundin, den Kindern die Wahrheit wie einen nassen Lappen ins Gesicht klatschen. Patsch! Da hast du's. So bist du! So ungeschickt, so faul, so karriereorientiert, so langsam, so hektisch, so still, so laut, so wenig vorzeigbar, permanent „aufgebrezelt“, ständig „auf Achse“, immer müde …

Ehrlich miteinander sein. Das braucht Liebe zum anderen. Es erfordert Gespür für den richtigen Moment. Und die selbstkritische Überlegung, ob es wirklich gut, wichtig und notwendig ist, es zu sagen. Wenn nicht, sollte man besser schweigen. Falls man aber nach sorgfältiger Prüfung zu dem Entschluss kommt, ehrlich etwas sagen zu müssen, dann sollte man dem anderen, wie Max Frisch sagt, die Wahrheit wie einen Mantel umhängen. Damit sie ihn kleidet und schützt.

WIR ALLE SIND KINDER GOTTES

Lügenpresse! – Das ist doch alles erfunden und zusammengebastelt, um uns in die Ecke der Dummköpfe und Ewig-Gestrigen zu stellen! Was sind denn diesen Schreibschurken unsere Interessen wert? Gar nix! Sehen die denn nicht, wie es hier zugeht? Doch! Aber sie wollen nicht, dass die wirklichen Probleme zum Thema werden.

Tja. Niemand meint es gut mit uns! Die Menschen zum Ausbrechen aus der vermeintlichen Opferrolle zu animieren, ist seit alters her eine der gebräuchlichsten Formen, eine Gemeinschaft zu bilden. Wir und die! Wer zweifelt, differenziert und nachfragt, wird sofort der Feindschaft verdächtigt, als Leugner, Betrüger und Fälscher gebrandmarkt.

> Paulus macht klar: Wir sind alle Kinder Gottes.

Ist es wirklich nötig für die Entwicklung menschlicher Verbundenheit, andere auszuschließen? Im Sinne der Botschaft Jesu von der Liebe Gottes zu allen seinen Kindern kann es nicht sein. Das hat schon Paulus den Frömmsten unter den Frommen immer wieder zugerufen. Der sogenannte „Heidenmissionar" wollte allen Schwestern und Brüdern den Weg zur Wahrheit öffnen, ihnen Grund zur Hoffnung geben. Engstirnige Wahrheitsbesitzer hat das wohl schon vor fast zweitausend Jahren genervt, wenn dieser Kerl verkündete, ob beschnitten oder nicht, ob Grieche, Jude, Barbar, Skythe, Sklave oder freier Mensch, im Sinne Jesu seien sie allesamt Kinder Gottes, gleichwertig und ebenbürtig.

Was Paulus wollte, gilt auch heute als Grundlage einer offenen Gesellschaft der freien Menschen: Alle haben ein Recht auf ihre persönliche Meinung und können sie äußern – ohne Gewalt. Martin Luther wird der Satz zugeschrieben: „Lasset die Geister aufeinanderprallen, aber die Fäuste haltet still!" „Miteinander reden" heißt nicht, die eigene Meinung zu verstecken. Aber wenn mein Gegenüber eine kontroverse Position vertritt, sind nicht Abwertung und Beschimpfung die Mittel der Wahrheit, sondern Fragen und Argumentieren. „So siehst du das. Und worauf stützt sich deine Feststellung? Was könntest du dir als Lösung vorstellen? Wäre ein Kompromiss folgender Art für dich ein Weg?" Anstrengend! Immer hinterfragen, einschränken, zweifeln, relativieren? Darf man denn nicht mehr sagen oder denken: „Das ist absolut richtig!"?

Gott ist die Wahrheit, hat der Theologe Paul Tillich festgestellt. Menschen könnten sie nicht besitzen. Sie könnten nur bitten und beten, ihr möglichst nahe zu kommen. Und dann lobt er den Zweifel als beste Methode, sich der Wahrheit anzunähern: „Die Situation des Zweifelns, selbst des Zweifelns an Gott, braucht uns nicht von Gott zu trennen. In jedem tiefen Zweifel liegt ein Glaube, nämlich der Glaube an die Wahrheit als solche, sogar dann, wenn die einzige Wahrheit, die wir ausdrücken können, unser Mangel an

Wahrheit ist." Mal ehrlich! Das ist ja ganz schön heftig! Man soll also nicht mehr sagen, diese Fremden sind alle böse! Oder: Niemand vertritt uns! Paulus würde heftig nicken. „Alles" und „alle", „keiner" und „niemand" öffnen nicht den Weg zur Wahrheit Jesu. Lasst uns miteinander Mensch sein – menschlich, human! Ganz ehrlich!

Arnd Brummer

Fallen Ihnen Diskussionen oder Auseinandersetzungen ein, bei denen Sie im Nachhinein erkennen, dass ein Perspektivwechsel in der Argumentation die Situation hätte entspannen können?

ZEIGT EURE SCHOKOLADENSEITE!

Kennen Sie schon alle Tricks für perfekte Smartphone-Selbstporträts? Wenn nicht, sollten Sie einfach mal die Stichworte „Selfie" und „posen" in Ihre Suchmaschine eingeben. Sie werden staunen. Nach kurzer Recherche weiß ich jetzt, dass „Spiegel-Selfies" längst out sind, man auf einen aufgeräumten Hintergrund achten sollte – nicht dass man sich vorm ungebügelten Wäscheberg in Szene setzt – und 45 Grad der ideale Winkel ist, bei dem man bestenfalls kein „Duckface" (weil auch mega-out) macht, während man auf den Auslöser drückt. Und Lächeln nicht vergessen! Kommt besser und gibt mehr Likes.

Die meisten Menschen legen großen Wert auf ihr Äußeres. Und das nicht erst seit Erfindung des Smartphones und der Handykamera. Wie wir auf andere wirken, war uns schon seit jeher wichtig. Wahrscheinlich spätestens nachdem der erste Mensch das erste Mal sein eigenes Spiegelbild erblickte, war das Bewusstsein für die eigene Außenwirkung geweckt.

Kleidung spielt dabei natürlich eine extrem wichtige Rolle. Sie ist für vieles praktisch, ganz besonders gut kann man mit ihr Ungeliebtes kaschieren, Unscheinbares hervorheben und vieles verbergen. Darüber hinaus steht sie für Status, Bildung, Stand und Zugehörigkeit. „Kleider machen Leute", das wissen wir längst. Auch die Bibel weiß dazu einiges zu berichten. Zum Beispiel im Alten Testament in Sach 3,4: „Sieh her, ich nehme deine Sünde von dir und lasse dir Feierkleider anziehen." Oder im Lukasevangelium: „Der Sohn sprach zu ihm: Vater, ich habe gesündigt gegen den Himmel und vor dir; ich bin hinfort nicht mehr wert, dass ich dein Sohn heiße. Aber der Vater sprach zu seinen Knechten: Bringt schnell das beste Gewand her und zieht es ihm an und gebt ihm einen Ring an seine Hand und Schuhe an seine Füße" (Lk 15,21–22).

Auch in unserem Text bezieht sich Paulus im Brief an die Kolosser auf Kleidung zur Veranschaulichung seiner Aussage. Schlechte Gewohnheiten sollen wie schmutzige Kleider ausgezogen werden: Belügt einander nicht mehr –missbraucht eure Kleider nicht mehr dazu, um Unschönes zu überdecken. Zieht euch aus, seid ehrlich und vergegenwärtigt euch und den anderen, wer ihr wirklich seid! Aber Paulus ist kein FKK-Vorreiter – er sieht uns durchaus angezogen. Doch er empfiehlt uns dringend einen neuen Style. Und wie soll nun bitteschön diese neue Kleidung gestrickt sein? Ich stelle mir das so vor: Wie wäre es mit einem schlichten T-Shirt, auf dem zwei Worte stehen „Gottes Liebling"? Das würde doch was mit uns machen. Mit uns beim Betrachten unseres eigenen Spiegelbildes – und mit all den anderen, die uns und die wir betrachten. Wir sind Gottes Lieblinge, und in diesem Sinn sollten wir uns verhalten und mit anderen umgehen. Den Tipp mit dem T-Shirt könnte man zukünftig dann noch ergänzen – bei den Selfie-Tricks.

Eva Jung

Ehrlich zueinander sein – konkret

Beate Hofmann

Die dreißigjährige Tamara Lunger und den fünfzigjährigen Simone Moro trennen zwanzig Lebensjahre, und doch überbrückt die gemeinsame Liebe zu den Gipfeln der Welt alle Unterschiede. „Wenn du oben auf dem Berg in einem kleinen Zelt über längere Zeit zusammenlebst, wirst du wie Bruder und Schwester", sagt Tamara im Interview, und damit ist klar, was für eine intensive innere Verbindung das Bergsteiger-Team zusammenschweißt. Im Mai 2017 brechen beide auf zu einer besonderen Tour. Am dritthöchsten Berg der Erde, dem Kangchendzönga, wollen sie eine Gratverbindung zwischen dessen vier Gipfeln auf über 8400 Meter Höhe bewältigen. Für die fünfeinhalb Kilometer lange „Kangchendzönga-Skyline" würden sie ungefähr eine Woche benötigen und drei Tage in der extrem gefährlichen Höhe verbringen.

Dabei klettern Tamara und Simone ohne Träger und Flaschensauerstoff, so wie man sich das natürliche Bergsteigen vorstellt: ausdauernd, kraftvoll und mit großer innerer Stärke. Was eine Seilschaft vor allem auszeichnet, ist die unbedingte Ehrlichkeit zueinander. Doch wie schwer es werden kann, wirklich ehrlich zueinander zu sein, das habe ich bei Tamara und Simone miterlebt. Ich war dabei, als eine von vielen Zuschauern eines Filmfestivals, auf dem der Expeditionsfilm der „Kangchendzönga-Tour" vorgestellt wurde.

Unter dramatischen Umständen müssen die beiden ihre Tour abbrechen und entscheiden sich umzukehren. Es ist nicht die junge Frau, die nicht mehr kann, sondern der erfahrene Extremsportler, einer der besten italienischen Bergsteiger. Es ist Simone Moro, der geplagt von Magenkrämpfen seine Kraft verliert und seiner Partnerin Tamara eingestehen muss, dass er die Expedition nicht fortführen kann.

> „Es ist immer ein Risiko, sich zu offenbaren, ganz pur zu zeigen und damit verletzlich zu werden."

Was muss das für ein innerer Kampf gewesen sein! Monatelange Vorbereitungen, körperliche Strapazen und immenser organisatorischer Aufwand stecken in dem Projekt. Und als ob das nicht genug wäre, wird die Enttäuschung noch multipliziert, indem er seiner Partnerin den Aufstieg unmöglich macht. Das Ringen der beiden um die Entscheidung, die Tour abzubrechen, ist so ehrlich und so emotional, dass eine atemlose Stille im Publikum herrschte. Es war einer der beeindruckendsten Outdoorfilme, die ich gesehen habe.

Denn der Erfolg bestand nicht darin, den Gipfel erreicht zu haben, sondern er bestand in menschlicher Größe. Dieser menschliche Erfolg zeigte sich in Ehrlichkeit, Vertrauen, Offenheit und ging einher mit Tränen der Enttäuschung und dem großen, unbedingten Ja zum Leben.

Vielleicht ein extremes Beispiel, um zu zeigen, dass es dem Leben dient, eigene Grenzen offen einzugestehen. Ehrlich zu meinem Partner, den Kindern, zu Kolleginnen oder Freunden zu sein, heißt, sich selbst zu öffnen und dem anderen zu vertrauen, dass er damit umgehen kann. Das ist immer ein Risiko, denn wir offenbaren uns, zeigen uns ganz pur und werden damit verletzlich. Deshalb hat Ehrlichkeit nicht nur mit dem Mut zu tun, etwas preiszugeben, sondern Ehrlichkeit hat viel mit der Beziehung zum anderen zu tun.

Das „Ehrlichsein" wird damit zu einem Meilenstein von Beziehungsfähigkeit. Es hinterfragt unsere Kommunikation und Fähigkeit zu lieben. Wie sprechen wir schwierige Dinge an? Lassen wir einander ausreden, hören wir uns erstmal ruhig zu und lassen wir uns auf das Gegenüber ein?

Wenn wir erwarten, dass jemand ehrlich zu uns ist, dann müssen wir uns selbst fragen, ob wir in der Lage sind, damit umzugehen, und wie das aussehen kann. Ehrlich zueinander sein, das bedeutet eine Zu-

Wendung, ein Mit-Einander, eine große klare Liebe zu diesem Nächsten. Von den Bergsteigern lässt sich lernen, dass wir das nicht erst am Berg, in einer Krise einüben. Das Trockentraining im Alltag ist entscheidend. Und ganz ehrlich: Damit können wir alle hier und jetzt beginnen!

Coaching-to-go-Tipps für den ehrlichen Umgang miteinander:

- Fehler anders bewerten: Wenn wir in einer Partnerschaft einander weniger Vorwürfe machen, erleichtert es uns, eigene Fehler auch tatsächlich einzuräumen statt uns herauszureden. Probieren Sie diese Woche aus, ob es Ihnen hilft, bei Pleiten, Pech und Pannen weniger vorwurfsvoll zu reagieren, wenn Sie folgenden Satz im Herzen tragen: Deine Fehler sind meine Fehler.
- Gesprächsräume gestalten: Emotionale und offene Gespräche brauchen einen guten Rahmen, damit sie leichter gelingen. Das kann im Haus, aber auch unter freiem Himmel sein. Ob Sie eine Kerze anzünden und den Tee bereitstellen oder ob Sie ein Bier am Lagerfeuer teilen, hat einen ähnlichen Effekt. Es entspannt, den Blick auf ein Feuer, eine Flamme zu richten, und es tut gut, die ausgetrocknete Kehle zu befeuchten. Zwischen Tür und Angel oder in sterilen Arbeitsräumen wird so ein Gespräch einen weniger konstruktiven Verlauf nehmen.

- Den Druck von der Seele schreiben: Manchmal können wir nicht mit dem Betroffenen sprechen und wollen dennoch etwas aussprechen. Es hilft, sich das Gedachte von der Seele zu schreiben. Lesen Sie den Brief noch einmal in Ruhe durch und entscheiden erst mit etwas Abstand, ob Sie ihn an die Person schicken möchten, ob Sie ihn aufbewahren wollen oder ob es gut ist, das Geschriebene laut vorzulesen und dann zu verbrennen. Finden Sie ein Ritual, was Ihnen entspricht und Sie entlastet, sofern Sie Ihre Wahrheit nicht (mehr) an die betreffende Person bringen können.

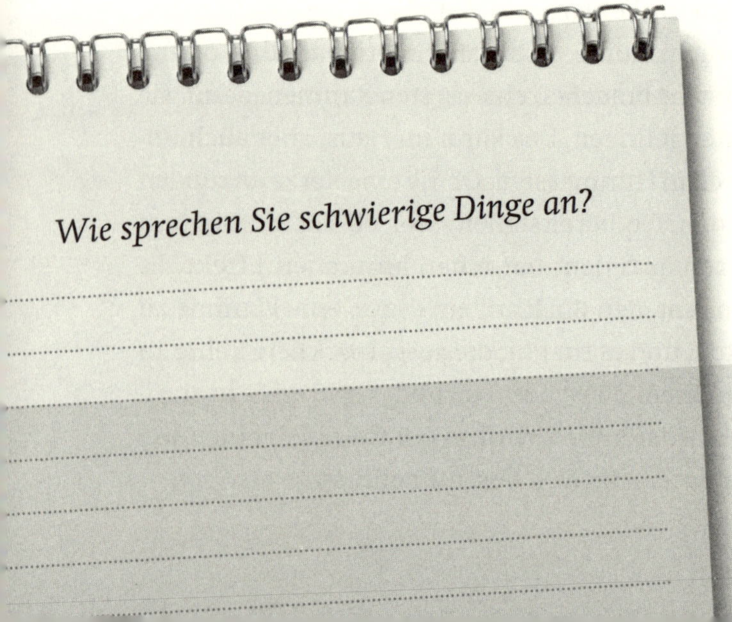

WIR BELÜGEN UNS NICHT

In dem Sandwich-Laden bei mir um die Ecke hängt eine Tafel an der Wand. Darauf steht in Großbuchstaben: „In diesem Haus“. Und dann folgt kleiner gedruckt: „Wir sind ehrlich. Wir machen Fehler. Wir sagen: Es tut mir leid. Wir geben zweite Chancen. Wir vergeben. Wir umarmen, wenn einer eine Umarmung braucht. Wir sind geduldig.“ Am Schluss steht wieder in Großbuchstaben: „Wir lieben Sandwiches.“

Mir gefällt die Tafel. Ich weiß zwar nicht, ob ich von der Frau an der Theke umarmt werden will. Und der Spruch an der Wand gibt mir auch keine Garantie dafür, dass die Sandwiches wirklich so frisch sind, wie die Speisekarte verspricht. Aber immerhin: Die Betreiber des Ladens formulieren einen Selbstanspruch. Sie hängen sich Maßstäbe an die Wand, an denen sie sich messen lassen wollen.

Die Verse aus dem Kolosserbrief stelle ich mir auch wie so eine Haustafel vor. In Großbuchstaben: „In diesem christlichen Haus“. Und dann kleiner gedruckt: „Wir lästern nicht. Wir reden nicht schlecht über andere. Wir belügen uns nicht. Wir fragen nicht danach, woher jemand kommt. Wir sehen in jedem Menschen ein Ebenbild Gottes.“ Zum Schluss wieder in Großbuchstaben: „Für uns ist Christus alles und in allen.“

Ich lese das nicht wie eine strenge Hausordnung mit kleinlichen Regeln. Das sind Selbstverpflichtungen. Frei-

willig. Sie zeigen: Wir hier wollen so leben. Wir wollen, dass dieser Geist in unserem Haus weht. Klar bin ich auch mal nicht auf der Höhe dieses Programms. Aber dann erinnert mich der Spruch: Du wolltest doch, dass es hier anders zugeht.

Es ist knifflig genug, die Haustafel ins Leben zu übersetzen. Wir belügen uns nicht. „Mal ehrlich", fange ich an. Schon wirft mein Mann ein: „Ach so, jetzt mal ehrlich. Sonst lügst du mir also immer die Hucke voll." Nein, natürlich nicht. Vielleicht passt der Ausdruck „offen gesagt" besser. Denn ich finde nicht, dass ich jeden Gedanken und jede Gefühlsregung dem anderen offenbaren muss. Ich knalle nicht jede Wahrheit auf den Tisch. Manches kann ich auch behutsam umschreiben oder für mich behalten.

Kritisch wird es bei Wahrheiten, die den anderen etwas angehen. Eine junge Frau sitzt im Zug und telefoniert mit ihrem Bruder. „Du, ich fahre gerade zu Oma und Opa und will nur wissen: Was hast du denen denn erzählt von Mamas Untersuchung? – Ach so, noch nichts. Gut, dann sag ich ihnen auch nichts. Die machen sich sonst bloß Sorgen, und das Ergebnis ist ja noch nicht da. Da lass ich sie lieber in dem Glauben, es sei alles in Ordnung."

Eine schwierige Situation, in der die junge Frau steckt. Die anderen in der Familie wissen: Die Mutter fürchtet, schwer krank zu sein. Nur die Großeltern haben keine Ahnung. Die Enkelin belügt sie nicht, wenn sie nichts sagt. Aber was antwortet sie, wenn die Großeltern fragen: „Und *wie geht es deiner Mama?" Sagt sie dann „okay" oder „Alles in Ordnung"? Damit erspart sie den Großeltern schlaflose Nächte, die unbegründet sein könnten, wenn die Diagnose harmlos ausfällt.*

Vielleicht will sie auch ihre Mutter schützen vor den Gefühlen der Großeltern. Die würden bestimmt umgehend anrufen. Dann müsste die Mutter zusätzlich zu ihren Gefühlen die Sorgen der Großeltern verkraften. Vielleicht will die Enkelin sich auch selbst ersparen, die Ungewissheit mit ihrer Oma und ihrem Opa auszuhalten.

Das sind gute Gründe. Es ist beileibe nicht so, dass Großeltern und Eltern jede Wahrheit ihrer Kinder wissen müssen. Es gibt ein Recht auf Privatsphäre, auch in der Familie. Manches muss man erst mit sich allein ausmachen oder mit denen, denen man es erzählen will. Außerdem: Eltern und Großeltern wollen auch nicht mit allem beladen werden. Es gibt ein Recht auf Nichtwissen.

Aber es bleibt ein ungutes Gefühl zurück, den Großeltern nichts zu sagen. Wir sind doch Familie. Da geht es um Vertrauen und darum, dass man Anteil nehmen will, wenn einer leidet.

Wir belügen uns nicht. Gar nicht einfach.

Martin Vorländer

MEHR ALS SCHWARZ-WEISS

Ehrlich zueinander sein. Geht das wirklich? Ich bin vor einiger Zeit auf eine interessante Unterscheidung gestoßen. In psychologischer Literatur werden Lügen manchmal mit den Farben Schwarz, Weiß oder Blau gekennzeichnet. Die Kennzeichnung verdeutlicht unterschiedliche Absichten der Lügen. Schwarze Lügen sollen anderen schaden. Ein Beispiel: Im Internet wird geschrieben: Diese Firma arbeitet nicht seriös. Die Aussage ist völlig aus der Luft gegriffen. Blaue Lügen sind Lügen, um der eigenen Gruppe einen Vorteil zu verschaffen. Etwa beim Sport. Der Schiedsrichter fragt: War es Handspiel? Der Spieler weiß: Ich habe den Ball mit der Hand gespielt, sagt aber: Nein. Weiße Lügen sind Lügen aus Höflichkeit. Hat Ihnen mein Kuchen geschmeckt? Der Kuchen hat mir nicht geschmeckt. Weil ich aber höflich sein will, sage ich: Ja, danke, sehr gut.

Die Bewertung der Lügen fällt unterschiedlich aus. Sie macht aber auch vor allem klar: Es geht bei Lügen um mehr als Fakten.

Schwarze Lügen gehen gar nicht. Sie können Menschen sogar vernichten. Dann sind sie Rufmord. Blaue Lügen gehen eigentlich auch nicht. Das Ziel ist der eigene Vorteil und damit der Nachteil der anderen. Aber vielleicht gibt es da auch Grenzfälle. Und weiße Lügen? Die haben sogar ein gutes Ziel. Einen anderen Menschen nicht kränken. Einen unnötigen Konflikt vermeiden. Ja, vielleicht sogar einen Menschen zu schützen. Da werden Menschen verfolgt und bedroht. Andere schützen sie. Sie geben den Verfolgern nicht preis, was sie wissen, oder sagen etwas Falsches.

„Belügt einander nicht!" So steht es in der Bibel (Kol 3,9). Das ist natürlich grundsätzlich richtig. Aber, das machen die Beispiele klar, Menschen würden nicht miteinander klarkommen, wenn das als eisernes Prinzip verstanden würde. Es geht auch immer um menschliche Beziehungen und darum, welche Absicht wir mit dem verfolgen, was wir sagen. Aus den biblischen Zusammenhängen – etwa im dritten Kapitel des Kolosserbriefes – wird deutlich, dass es nicht darum geht, ein abstraktes Prinzip zu erfüllen. Die Aufforderung, einander nicht zu belügen, hat folgenden Sinn: Geht so miteinander um, redet so miteinander, dass ihr Menschen nicht Unrecht tut. Redet so miteinander, dass ihr Beziehungen nicht zerstört. Und der Kern der Begründung lautet: Weil alle Menschen es verdient haben, als Menschen behandelt zu werden, die von Gott geschaffen sind, als seine Ebenbilder. Das gilt umso mehr, wenn ihr an Christus glaubt. Dann, so kann man den Gedanken übertragen, glaubt ihr nämlich, dass ihr in ihm erneuerte Menschen seid. Im Glauben an Christus könnt ihr abschütteln, was diese Welt oft bestimmt: Du musst dich gegen andere durchsetzen. Du musst andere auf die Seite schieben. Du musst zusehen, dass du immer auf der Gewinnerseite stehst. Bezogen auf die Farben der Lüge heißt das: Auf gar keinen Fall schwarze Lügen, die andere kaputtmachen sol-

len. Lass auch die blauen Lügen, die nur den eigenen Vorteil suchen. Weiße Lügen kann, ja muss es manchmal sogar geben, weil die Wahrheit nicht ohne Liebe sein kann.

Der Apostel Paulus sagt das an einer anderen Stelle mit dem schönen Satz: „Die Liebe freut sich nicht an der Ungerechtigkeit, sie freut sich aber an der Wahrheit" (1. Kor 13,6). Das heißt: Die Liebe will anderen keinen Schaden zufügen. Sie sucht nach Gerechtigkeit. Sie sucht danach, dass alle Menschen zu ihrem Recht kommen.

Aber was heißt das praktisch? Muss ich anderen nicht doch immer die Wahrheit sagen – auch wenn es für sie schwierig ist? Ist es nicht besser, auch mal zu sagen, dass der Kuchen nicht schmeckt? Es mag sein. Trotzdem ist es dann immer noch eine Frage, wie ich diese Wahrheit sage. Hilfreich finde ich den Ratschlag von Max Frisch: Schlag die Wahrheit jemanden nicht wie einen nassen Lappen um die Ohren. Halte sie hin wie einen Mantel, in den jemand schlüpfen kann! Das wünsche ich mir auch von anderen, wenn sie mir eine unangenehme Wahrheit sagen.

Volker Jung

Der Glaube an die Höflichkeit

Susanne Niemeyer

Liebe Höflichkeit,
sei ehrlich: Ehrlichkeit ist nicht deine Stärke. Du willst nicht authentisch sein. Über dein „wahres Ich“ denkst du nicht nach. Du nimmst dir nicht die Freiheit, jemanden zu mögen oder nicht zu mögen, und ob dir eine Begegnung etwas bringt, ist keine Frage für dich. Du bist selbstlos. Im wahrsten Sinn des Wortes. Du berechnest nicht und rechnest dich nicht. Du dienst. Ziemlich altmodisch. Wahrscheinlich wurde dir schon oft geraten, mehr auf dich zu achten. Gefühle zu zeigen. Jemanden abzuweisen. Aber das tust du nicht. Du behandelst alle gleich. Du wünscht jedem einen Guten Morgen und sagst „angenehm“ auch dann, wenn dir der vorgestellte Herr Kunzelmann gar nicht angenehm erscheint.

Das liebe ich an dir. Deinen Großmut. Du baust ein Gerüst, das stabil bleibt, auch wenn Sympathie und Frieden, Geduld und Verständnis wanken. Du erinnerst daran, dass jeder ein Mensch ist. Und darin, vielleicht nur darin, sind alle gleich. Du hältst auch einem Betrüger die Tür auf. Einem Heiratsschwindler wünschst du Gesundheit, und selbst deine Antwort auf den übelsten Hetzbrief beginnst du mit „Sehr geehrte“. Du hältst Maß, wo ich mich nicht mehr mäßigen kann. Du gibst meinen Inhalten eine Form. Dabei redest du mir meinen Zorn nicht aus. Du leihst ihm nur deinen Mantel.

Ich ahne, dass du manchmal aufgeben willst. Dass du dich fremd und unerwünscht fühlst. Dass du dich in schlaflosen Nächten fragst, ob jene nicht doch Recht haben, die behaupten, du seist überflüssig, ein Relikt vergangener Zeit. Lass dir das nicht einreden. Ich glaube an dich. Wir brauchen dich, wenn wir uns nicht zerfleischen wollen.

Halt durch!

Deine S.

Wie gelingt es Ihnen, Höflichkeit und Wahrheit miteinander in Einklang zu bringen?

....

....

....

....

7 WOCHEN OHNE

Sich selbst nicht belügen / 4

Sich selbst nicht belügen

Susanne Breit-Keßler

BIBLISCHE MINIATUR
ZU 2. SAM 12,1–7

König David hat eine herausragende Position – eine, in der einem die Menschen nur noch selten ehrlich begegnen. Manche möchte den Vorgesetzten nicht irritieren, oder man hat Sorge, dass der Chef ärgerlich wird, wenn man ihn kritisiert. Ich habe mal einen prominenten Mann erlebt, der – völlig ahnungslos, was Essen anbelangt – jahrelang in dem Glauben lebte, Rosenkohlsuppe zu essen, dabei war es Broccoli. Niemand wollte ihm diese Überzeugung nehmen, bis es mir zu dumm wurde. Ich fand fair, ihn aufzuklären, bevor er sich irgendwo blamiert. Er hat sich sehr gewundert, dass es ihm vorher keiner sagen wollte.

David ist nicht bloß unwissend, sondern selbstherrlich. Er nimmt sich die Frau eines anderen, schickt den ganz bewusst in den Krieg, damit er dort stirbt. Er belügt sich selbst, weil er sich in der Überzeugung wiegt: Ich tue das Richtige. Männer und Frauen schlagen mit allen Mitteln Rivalen aus dem Feld und finden das normal. Sie betrügen den Partner, die Partnerin und meinen, dass das der Ehe nicht schadet, solange es der andere nicht merkt. Es gibt viele Möglichkeiten, sich an der Wahrheit vorbeizumogeln. Ich esse nicht viel, sagen manche. Warum bin ich so dick? Wenn man ihre voll gehäuften Teller sieht, wundert man sich nicht mehr.

> „Es gibt viele Möglichkeiten, sich an der Wahrheit vorbeizumogeln."

Andere trinken Mengen an Alkohol und staunen über ihre miesen Leberwerte. Ein junger Mann sagte zu mir: „Ich träume von einer Fußballkarriere. Aber ich habe noch lange Zeit – ich bin erst 22." Lange Zeit? In dem Alter muss man schon voll dabei sein, wenn man an die Spitze will. Warum sind Menschen nicht ehrlich mit sich selbst? Zunächst, um sich selbst zu schützen. Die Wahrheit kann unbequem sein. Wer übergewichtig, wer alkoholkrank ist und erkennt, dass er zu viel isst oder trinkt, der muss sich eingestehen: Ich bin unglücklich. In meinem Leben läuft allerhand gewaltig schief. Dieser Blick in den Spiegel tut weh und braucht viel Konsequenz.

Menschen belügen sich, um ihr Selbstbild aufrechtzuerhalten. Ich habe das Zeug zum Superstar, ich bin unwiderstehlich, mir kann keiner was. Wer so denkt, kommt nicht wirklich klar mit der Realität. Damit, dass er oder sie ein ganz normaler Mensch mit tollen Seiten, aber eben auch mit Schwächen ist. Der Blick auf andere, die scheinbar so großartig sind, lässt einen neidisch werden und das eigene Image aufpolieren. Man belügt sich auch, wie König David, um ein schlechtes Gewissen zu verhindern. Eigentlich weiß man ganz genau, dass falsch ist, was man tut. Aber man schwindelt darüber hinweg.

Manchmal braucht man einen anderen Menschen, der einem auf die Sprünge hilft. Aber es ist auch gut, wenn der Nathan in einem selbst – den gibt es nämlich – herumrumort und einen ehrlich mit sich selbst werden lässt. Mein Nathan, mein innerer Prophet spricht. Nathan heißt „Gott hat gegeben". Ich schau mich an. Das bin ich. So bin ich. Nathan schenkt mir Einsicht in mich selbst. König David hat – noch ahnungslos – seine Folgerungen gezogen. Wir haben die Chance, ganz bewusst unseren Nathangefühlen und -gedanken nachzuspüren. Uns zu erkennen und mit Gottes Hilfe ein wahrhaftiges, ehrliches Leben zu führen.

VOM MUT ZUR WAHRHEIT

Die spannendsten Geschichten der Bibel stehen im Alten Testament. Da ist alles versammelt: Sex und Crime, Schuld und Sühne, Krieg und Frieden. Aus dem Panoptikum biblischer Abenteuer haben wir es hier mit einem Liebesdrama in drei Akten zu tun. Die Hauptakteure sind: der geile David, der weise Nathan, die schöne Batseba, ein gehörnter Ehemann. Auf dem Zenit des Erfolges konnte David den Hals nicht voll genug kriegen. „Und es begab sich, dass David um den Abend aufstand von seinem Lager und sich auf dem Dach des Königshauses erging; da sah er vom Dach aus eine Frau sich waschen; und die Frau war von sehr schöner Gestalt. Und David sandte Boten hin und ließ sie holen. Und als sie zu ihm kam, wohnte er ihr bei und die Frau ward schwanger." Der geile Bock hatte sich an eine andere Frau rangemacht. Um seine Schuld zu kaschieren, schickte er ihren Ehemann an die Front. Und es kam, wie es kommen musste: Batsebas Mann wurde ein Opfer des Krieges. Und David dachte, jetzt wäre der Weg frei. Doch sein Dasein war besudelt mit Schuld.

Zweiter Akt. Der weise Nathan erzählt David ein Gleichnis von zwei Männern. Der eine war reich, der andere arm. Der Reiche war so geizig, dass er nicht bereit war, eines seiner Lämmer zu opfern. Da griff er sich das einzige Schaf des armen Mannes. Mit dieser Geschichte führte Nathan David aufs Glatteis. David sprach sich selbst sein Urteil, und da fiel es dem König wie Schuppen von den Augen, dass er selbst Dreck am Stecken hatte. Auf der Überholspur seines Lebens war er vom rechten Weg abgekommen und im Straßengraben der Schuld gelandet. An einer Frau und an Gottes Geboten hatte er sich vergriffen. Es folgte die Strafe auf dem Fuße.

Dritter Akt: Schuld und Sühne. Der Preis für Davids Vergehen war hoch. Seine Erstgeburt wurde als Unterpfand gefordert, um die Balance aus Recht und Unrecht zu wahren. Obwohl David in Sack und Asche ging, musste Strafe sein, wie erst nach einem reinigenden Gewitter die Luft wieder frei ist. Gott hatte David alles Glück der Welt geschenkt. Warum genügte ihm nicht, was er hatte? Warum müssen wir mehr haben, als wir brauchen? Wer von uns steht zu seiner Schuld? Wer bekennt sich schuldig in Zeiten von Schuldenkrisen und Dieselaffären? Gewinne werden privatisiert, Verluste verstaatlicht. Den Splitter im Auge des anderen sehen wir. Für den Balken im eigenen Leben sind wir blind. Gott spielt dieses Spiel nicht mit. Das gelang Adam und Eva nicht; Kain nicht, als er auf Gottes Suchanfrage scheinheilig antwortete: Bin ich denn meines Bruders Hüter? Ja, wir sind unseres Bruders Hüter! Es darf uns unser Nächster, die Ehe meines Nachbarn, nicht egal sein. Uns darf es nicht egal sein, wie wir mit Menschen umgehen, die in Not geraten sind. Gott steht auf der Seite derer, die unter die Räder der Gier geraten sind. Irgendwann kommt alles ans Licht und jeder hat den Preis seiner Gier zu zahlen.

Hin und wieder ist Gott moralisch. Nicht immer drückt er ein Auge zu, obwohl er im Regelfall gnädig dreinblickt.

Davon handelt das Ende des letzten Aktes. Die Geschichte mit David und Batseba geht gut aus, weil Gott Gnade vor Recht ergehen ließ. Batseba gebar Salomon, den dritten König Israels, den Erbauer des ersten Tempels in Jerusalem. Der Held des Dramas heißt Nathan. Er hatte den Mumm, sich dem König entgegenzustellen. Leider zählen auch heute noch die Propheten im eigenen Lande nichts. Trotzdem brauchen wir sie, die Mutigen, die dem König ohne Kleider die Wahrheit sagen, die die Lügenmärchen von Populisten entlarven und die uns vor Selbsttäuschung bewahren.

Sprachlos, ratlos, mutlos, Gott,
stehen wir vor dir,
mit unserer Schuld, unserer Gier, unserem Versagen.
Ständig sind wir damit beschäftigt,
Kulissen zu schieben,
gut dastehen zu wollen,
den Dreck am eigenen Stecken
möglichst anderen in die Schuhe zu schieben.
Wann machst du
ein Ende mit all dem Gerenne nach Anerkennung?
Wann befriedest du die Unruhe unserer Gier,
damit wir umkehren?
Ansonsten würden sich die Eskalationsspiralen

immer weiter nach oben schrauben
und unsere Unersättlichkeit immer blutigere Opfer fordern.
Wenn wir unser Leben in den Sand setzen,
hilft eine Vogel-Strauß-Politik nicht.
Deshalb, siehe mein Leben gnädig an.
Wo ich in die Irre ging, schenke mir ein neues Herz
und die Kraft zur Einsicht,
Schuld offen beim Namen zu nennen
und deine Vergebung
notfalls auf Knien zu erbitten.

Siegfried Eckert

ORTE UND WORTE DER SELBSTKLÄRUNG

Nathan hält David eine Gardinenpredigt und bringt den legendären König zur Selbsteinsicht. Er führt David die Konsequenzen seines Tuns vor Augen. Ein schmerzhafter Prozess, dem sich David da ausgesetzt sieht, eine schonungslose Analyse. Eine Generalabrechnung. Und solche gründlichen Abrechnungen können schmerzen. Ja, es kann wehtun, sich selbst nicht zu belügen. Wenn die Bilder und Fantasien, die wir von uns selbst basteln, einstürzen, dann schmerzt es. Weil damit die Einsicht verbunden ist, sich etwas vorgemacht zu haben. Es schmerzt, wenn die eigenen Ansprüche nicht erreicht werden, wenn wir den eigenen Wünschen und Vorstellungen nicht entsprechen. Nathan stößt David in genau solche Fragen und stellt ihm gleichzeitig Worte zur Verfügung – Worte der Selbstklärung, die David allein wohl nicht oder zumindest nicht so gefunden hätte.

„Du bist der Mann", sagt Nathan zu David, „du bist der Mann, der gescheitert ist."

„Du bist die Frau", sagt Nathan zu dir, „du bist die Frau, die sich etwas vorgemacht hat."

„Du bist der Mensch", sagt Nathan zu uns, „du bist der Mensch, der sich verirrt hat."

Die große Strafrede, die Nathan vor David hält, bricht das Schweigen der Selbstlüge. Manches lässt sich sicher auch im Stillen bereinigen. Manche Selbstlügen aber belas-

ten die Seele so sehr, dass nur Worte helfen können. Sei es eine Gardinenpredigt, sei es ein offenes Gespräch. Immer dort, wo die Art, das eigene Leben zu konstruieren, scheitert, braucht es Räume der Klärung, um neu anfangen zu können. Ein klassischer Ort dafür ist die Beichte. Zwei Menschen treffen sich unter der Zusage Gottes, Schuld zu tragen und Neuanfänge zu segnen. Und der Beichtende geht befreit, erhebt sich wieder und hat neue Kraft. Nun beichten wir Protestanten selten. Und trotzdem gilt: Selbstlügen brauchen Orte und Worte, um entlarvt zu werden. Es braucht die richtigen Worte an den richtigen Orten, um Bilanz zu ziehen und neu zu beginnen. Für David ist es die Begegnung mit Nathan. Welche Orte, welche Worte stehen uns zur Verfügung, um das eigene Leben in den Blick zu nehmen, eigene Schuld zu begreifen und neu anzufangen?

Im Islam gibt es die Tradition, bei jedem Blick in den Spiegel ein kurzes Gebet zu sprechen.

Die Vorstellung gefällt mir. Wir schauen jeden Tag in den Spiegel. Mehrmals sogar. Warum nicht den Spiegel als Ort nutzen, um die eigenen Selbstlügen zu entlarven und ihnen die Kraft über uns zu nehmen? Denn auch vor dem Spiegel gilt die Zusage Gottes, dass er unsere Schuld tilgt und Neuanfänge segnet. Und dann haben wir beides: einen Ort und gute Worte, die Gott uns beten heißt. Gelingendes Leben braucht Selbstklärung, damit aus Sehnsucht und Hoffnung Ruhe und Gewissheit werden.

Karl Weber

Sich selbst nicht belügen – konkret

Beate Hofmann

Es ist die erste E-Mail, die ich an diesem Morgen lese. 3.50 Uhr in der Nacht ist sie in meinem elektronischen Briefkasten gelandet. Ein langer Text, der nach Hilfe ruft, ohne diese Hilfe wörtlich einzufordern. Vielmehr ist es ein offenes Selbstgespräch, was sich mir darbietet. Wer sich weit nach Mitternacht hinsetzt und so einen Brief schreibt, der steht unter Veränderungsdruck. Zusätzlich ist es auch ein Leidensdruck, denn ich lese davon, dass die innere Sinnleere und berufliche Unzufriedenheit immer mehr körperliche Symptome hervorbringt. Von Schlaflosigkeit, Nackenschmerzen und Konzentrationsschwäche ist die Rede. Manche Tage komme er vor Kopfweh nicht dazu, einen klaren Gedanken zu fassen. Über zwei Jahre geht das schon so.

Zwei Jahre! Das sind 730 Tage. Wenn ich bedenke, dass ein Achtzigjähriger 29.200 Tage erlebt, dann kommen mir 730 Tage in der Mitte des Lebens sehr lang vor. Wie viel kostbare Lebenszeit, in der zu wenig geliebt, gelacht, gut gelebt wurde. Warum lässt jemand zu, dass zwei Jahre lang die Unzufriedenheit an ihm nagt, der Groll wächst und der Frust sich immer mehr aufstaut? Ein Mensch, der mit sich und seiner Situation unzufrieden ist, durchlebt die Zeit statt sie zu erleben. Er zählt schon montags die Arbeitstage der Woche, er will Projekte nur noch hinter sich bringen, er kann nachts nicht mehr schlafen, weil ihn die verdrängten Gefühle einholen, und der Eindruck, in einer Falle zu sitzen, wird immer stärker.

Doch da ist keine Falle. Ich habe immer die Wahl und damit Entscheidungsfreiheit. Die Frage ist, ob ich sie aktiv annehme. Das setzt voraus, dass ich mir genau anschaue, was Sache ist. Ich bin gezwungen, die Karten auf den Tisch zu legen und mich selbst nicht zu belügen. Genau das fällt uns manchmal unglaublich schwer. Sei es zu erkennen, dass ich überfordert bin mit einer Aufgabe und mir Hilfe im Team holen muss, dass ich mir eingestehe, dass mein regelmäßiges Glas Wein zum Entspannen am Abend längst ungesund ist, dass ich zwar die Nähe zur Kollegin schätze, aber akzeptieren muss, dass sie einen Partner hat. Wir wiegeln ab, unterschätzen oder verharmlosen die Sache und merken nicht, wie verlogen das ist. König David war blind für die Erkenntnis, dass sein Machtmissbrauch und das Unrecht, was er Uria und Batseba zufügte, ein Fehler war. Seine Glaubwürdigkeit war längst erschüttert, nur konnte er das nicht sehen. Nathan konfrontiert ihn mit einer Geschichte. Sie spricht für sich selbst. Wir alle ahnen, wie dem König die Schuppen von den Augen fallen, als er hört: „Du bist der Mann!"

Ich finde mich in manchen Film- oder Romanfiguren wieder. Dann erkenne ich mich wie in einem Spiegel und begegne einer Wahrheit, die mich aufrüttelt. Manchmal sind es gute Freunde, die uns den Spiegel vorhalten, und das ist schwer auszuhalten. Wir brauchen eine tiefe Verbundenheit, um die Wahrheit und die dahinterliegende Sorge des anderen zu sehen und nicht beleidigt den Rückzug anzutreten.

> Warum belügen wir uns selbst so gerne und so raffiniert?

Warum belügen wir uns selbst so gerne und so raffiniert? Weshalb fällt es uns schwer, Schwäche einzugestehen, Fehler zu tolerieren, Angst, Unsicherheit oder unsere große Sehnsucht nach Zugehörigkeit zuzugeben? Wir sind Beziehungswesen. Wir sind Menschen mit dem Bedürfnis nach Liebe, Anerkennung und einem Platz, an dem wir aufblühen können. Folglich passen wir uns gerne an, um dazuzugehören und geschätzt zu werden. Wir tun pragmatisch, was der neue Chef vorgibt, bauen die gleiche Garage wie alle in der Straße, singen im Gottesdienst Lieder, deren Inhalt wir längst nicht mehr passend finden, sprechen beim Familientreffen keine strittigen Themen an oder folgen bei der Wahl des Berufes direkt der Empfehlung der Eltern.

Wer sich zu oft im Außen orientiert, der verliert das Gespür für seinen inneren Kompass und den Mut, seinen eigenen Weg zu gehen. Ganz allmählich driften wir ab. Und da es viel mehr Mühe bedeutet, ehrlich zu hinterfragen oder zu widersprechen, leben wir nach dem Motto „Augen zu und durch". Doch so wie der Geschäftsführer, der mir die Mail schrieb, wachen wir irgendwann auf, mitten in der Nacht. Leider häufig spät und manchmal zu spät. Es dauert Wochen, bis ein Mensch das innere tiefe Loch einer Erschöpfungsdepression verlassen kann. Andere Krankheiten sind unumkehrbar, und eine zerrüttete Beziehung führt in den meisten Fällen zur Trennung. Es gibt nur einen Weg, wenn ich dieses „zu spät" verhindern will: Ich brauche Klarheit darüber, was meine Stärken sind, was meine Motive zu leben sind. Was sind meine Grenzen und wie erhalte ich die Kraft, mir selbst gegenüber ehrlich zu sein? Wenn es nicht das abschreckende Beispiel von gescheiterten Menschen ist, dann vielleicht das verlockende Bild eines gelingenden Lebens. Wir sind dafür verantwortlich, uns solche Bilder zu erzählen und zu beschreiben.

Coaching-to-go-Tipps für mehr Ehrlichkeit sich selbst gegenüber:

- Visions- und Wahrheitsfindung: Gönnen Sie sich den Freiraum, einen Tag lang zu fragen, was Ihr Bild von einem gelingenden, erfüllten Leben ist. Was gehört dazu, dass Sie glücklich sein können, und was ist schon da, was Sie dankbar macht? Was brauchen Sie für Unterstützung von außen dafür? Welche Werte stehen hinter Ihren inneren Bildern? Sind es wirklich eigene Werte oder sind es Dinge, die andere von Ihnen erwarten? Vielleicht steht am Ende solch eines Tages eine Bildcollage, ein Motto für die nächsten drei Monate oder ein Brief, den Sie sich selbst schreiben. Wesentlich ist, über den Alltag hinauszuschauen, ohne die Realität zu verdrängen. Das ermöglicht eine ehrliche Perspektive.
- Selbst-Annahme üben: Schauen Sie sich ruhig und aufmerksam im Spiegel an. Können Sie sich selbst in die Augen sehen und sich annehmen, so wie Sie sind? Denken Sie daran, dass Sie ein Bild Gottes sind, und formulieren Sie innerlich ein großes, unbedingtes Ja zu sich selbst. Schenken Sie sich ein Leuchten in den Augen und, wenn Sie mögen, ein ermutigendes Lächeln. Nur wer sich selbst annimmt, kann anderen ein gutes Gegenüber sein. Also sorgen Sie für Selbst-Wert-Gefühl, denn das ist der gute Ruf, den Sie bei sich selbst erwerben können.

- Ein Vertrauens-Netz weben: Wer ehrlich sein will, braucht Vertrauen. Wer sich selbst gegenüber ehrlich sein will, braucht also Selbstvertrauen. Dieses gilt es zu knüpfen wie ein Netz aus vielen Fäden. Solche Fäden sind ein klares Selbstbild und ein starkes Selbstwertgefühl. Beides ist beeinflussbar, indem wir unser Denken, Reden und Tun positiv verändern und uns damit Sicherheit erwerben.
- Tipps für den Alltag:
  - Schreiben Sie sich nur drei Dinge auf die To-do-Liste, aber diese drei setzen Sie tatsächlich um.
  - Finden Sie eine biblische Zusage, die schon vielen Menschen vor Ihnen Kraft gegeben hat und die Sie stärkt. Schreiben Sie den Text auf eine Karte und tragen Sie ihn eine Zeit lang bei sich, um ihn sich häufig zuzusprechen. Zum Beispiel: Fürchte dich nicht, ich bin mit dir; weiche nicht, denn ich bin dein Gott. Ich stärke dich, ich helfe dir auch, ich halte dich durch die rechte Hand meiner Gerechtigkeit (Jes 41,10).
  - Arbeiten Sie an einer klaren, zielführenden Sprache. Ersetzen Sie „man“ durch „ich“.
  - Prüfen Sie Ihre Aussagen, ob Sie häufig die Möglichkeitsform verwenden „ich könnte, ich würde, ich hätte“. Verwenden Sie bewusster aktive Verben (ich kann, ich werde, ich habe) in Ihren Sätzen.

SPLITTER UND BALKEN

Splitter und Balken sind sprichwörtlich geworden. In der Bergpredigt geht Jesus dabei auf das Richten unter Menschen ein. Darauf, dass wir sehr schnell dabei sind, andere zu verurteilen, und dabei nicht merken, dass wir vielleicht viel mehr Dreck am Stecken haben, als der oder die, die wir gerade verurteilen.

Ist das mit der kleinen oder großen Selbstlüge nicht ähnlich? Bei anderen merken wir doch schnell, wenn sie mit sich selbst oder auch in Beziehung auf andere nicht wahrhaftig durchs Leben gehen. Ihr Leben auf Selbstbetrug oder auf einer Lebenslüge aufbauen. Und bei uns selbst sind wir nachsichtig. Richten uns in einem kleinen Lügengebäude wohlig ein und denken: Das wird schon keiner merken, wenn ich es denn nur ordentlich verpacke.

> “Schnell sind wir dabei, andere zu verurteilen, und merken gar nicht, dass wir selbst Dreck am Stecken haben.”

Nach vielen Kämpfen, Intrigen, auch nach unzähligen Toten die den Weg des Aufstiegs säumten, hatte sich König David gut in seinem Leben eingerichtet. Er hatte wohl schon mehrere Frauen und Kinder. Da fiel sein Blick auf Batseba. Diese gefiel ihm so, dass er sie auch noch haben wollte. Es gab nur ein Problem: Sie war verheiratet. Also musste ihr Ehemann Uria aus dem Weg geräumt werden.

Eine kleine, mich immer wieder erschütternde Sentenz der Geschichte ist die, dass Uria ohne sein Wissen sein eigenes Todesurteil im Brief Davids an den Feldhauptmann Joab überbrachte. Nach dem gewaltsamen Tod Urias und einer kleinen Trauerzeit holte der große König David die Frau des kleinen Hetiters Uria, er holte Batseba in sein Haus.

Der große Selbstbetrug, die Hybris, die in den Jahren des Kampfes, der Siege und der überwundenen Rückschläge David die Sinne vernebelte und glauben ließ: Ein König steht über dem Gesetz, ja über der Moral. Und hier hakt der Prophet Nathan auf Geheiß des Herrn ein. David wird mit einer kleinen Beispielgeschichte der Spiegel vors Gesicht gehalten (2. Sam 12).

David merkte gar nicht mehr, wie abgehoben von der Wirklichkeit, von anderen Menschen er sich bewegte. Als wenn die anderen nur noch Marionetten wären, die er hin und her schieben könne. Ein – leider für andere – mörderischer Selbstbetrug.

Mit einem klaren Auftrag und viel Mut geht Nathan los und sagt es dem König auf den Kopf zu: „Du bist der Mann." Du bist der Mann, der sich selbst und andere betrügt. Du bist der Mann, der andere sinnlos in den Tod schickt. Du bist der Mann, der dem Armen auch noch das Letzte nimmt, obwohl er selbst schon das meiste im Übermaß besitzt.

Leben wir auch heute in einer Zeit des großen Selbstbetrugs und Selbstmitleids? Mit geht es schlecht, weil mir noch ein kleines Quäntchen zum umfassenden Glück fehlt?

Weil ich zu dem blicke, dem es noch besser geht als mir, und dabei die aus dem Blick verliere, denen es – auf verschiedene Art und Weise – doch viel schlechter geht als mir?

Dazu muss ich nicht König sein. Auch kein Despot in einem der ärmeren Länder, die dort oft auf Kosten der armen Bevölkerung leben. Es langt, auf der nördlichen Halbkugel in gesicherten Verhältnissen zu leben. Wenn Nathan vor uns stünde und sagen würde: „Du bist der Mann oder du bist die Frau" – würden wir hören und den Selbstbetrug einsehen? Oder würden wir weiter am Splitter der anderen herumdoktern?

Christian Behr

Probieren Sie es aus: Bevor Sie das nächste Mal jemand anderen schuldig sprechen, fragen Sie sich: Welchen Anteil am Konflikt habe ich?

SELBSTGESPRÄCH

Was ich mir schon immer sagen wollte:

Ich finde es nicht schlimm, dass ich
- nicht jogge
- keinen Traum verwirklicht habe
- Daily Soaps mag
- …

Was ich zu … gesagt habe
- war doof
- hätte ich längst sagen sollen
- trifft eigentlich auch auf mich selber zu
- …

Meine Geschichte über
- meine Scheidung
- meine Krankheit
- mein tägliches Heldenleben
- …

kann ich selber nicht mehr hören.

- Brainstorming
- Jahresrückblicke
- weitergeleitete Pandavideos
- …

mochte ich noch nie besonders.

- Kirchen
- Bonussysteme
- Parteien
- …

finde ich eigentlich unsympathisch. Trotzdem bin ich Mitglied.

Wegen
- der Inhalte
- der Gemeinschaft
- der Hoffnung auf ein Wunder
- …

Ich suche keinen
- Job
- Mann
- Seelenfrieden
- …

Ich habe
- was ich brauche
- was ich will
- was sich ergeben hat
- …

Susanne Niemeyer

Ganz ehrlich: Erinnern Sie sich daran, was Sie sich als Kind von Ihrem Leben erhofft haben? Welche Träume haben sich erfüllt, welche vielleicht (noch) nicht und warum?

Wahrhaftig leben / 5

7 WOCHEN OHNE

Wahrhaftig leben

Susanne Breit-Keßler

BIBLISCHE MINIATUR
ZU 1. JOH 3,16–18

Authentisch, das ist ein Modewort. „Stimmig“ auch. Menschen sollen so sein. Stimmig und authentisch. Mit sich identisch, ganz sie selbst. Das findet man toll. Echt sein ist das höchste der Gefühle. Der Mensch, der man halt ist. Manchmal kriege ich einen Koller bei dem Gedanken, dass jeder und jede authentisch sein könnte. Um Himmels willen! Wer nur den Hauch einer Ahnung davon hat, wer er oder sie selber wirklich ist und wie dementsprechend andere sein mögen, der kann sich nicht wünschen, dass Authentizität oberste Priorität hat.

Denn das würde ja bedeuten, dass Männer und Frauen sich immer so zeigen und verhalten, wie sie sich im Innersten befinden. Eben nicht nur nett, freundlich, charmant, intelligent und hilfsbereit. Sondern gelegentlich auch ausgesprochen ekelhaft, gemein, grausam, strohdumm und vollkommen gleichgültig. Nein, authentisch sein ist nicht notwendig. Bitte nicht! Ich kenne mich selbst gut genug, um mich dem Rest der Menschheit nicht ständig in ganzer Fülle zumuten zu wollen. Ich möchte auch nicht, dass andere mir gegenüber das tun.

Sie dürfen wie ich manches gerne für sich behalten. Aber ehrlich, aufrichtig, wahrhaftig leben – das ist etwas ganz anderes. Das bedeutet nämlich, nicht sich selbst und die eigene Befindlichkeit, das eigene So-Sein zum Zentrum des Handelns zu machen. Sondern sich zu orientieren an dem, von dem der Verfasser des Johannesbriefes schreibt: Er hat sein Leben für uns gelassen. Gott ist aus lauter Liebe zu uns gestorben, um uns zu zeigen, dass er uns liebt, wie wir sind, mit all unseren glanzvollen Seiten und den unerfreulichen Abgründen.

Er liebt uns, wie wir sind, aber eben nicht bleiben müssen oder sollen. Wahrhaftig, ehrlich leben – das ist die Chance, der Mensch zu werden, als den uns Gott gedacht hat. Sein Wunsch ist es offenbar, dass wir nicht reden, reden, reden, vor allem nicht „authentisch", „stimmig" von uns selbst. Sondern, dass wir ihm nachfolgen und für andere da sind. Ein Christenleben geht nicht auf in einer überzeugenden

Selbstinszenierung. Die Herausforderung, der Anspruch besteht darin, redlich, wahrhaftig das zu tun, was Gott erwartet: seine Liebe konkret zu machen.

Wo und wie ist es Ihnen zuletzt gelungen, Gottes Liebe wahrhaftig zu leben und für andere da zu sein?

MEHR ALS NUR LIPPENBEKENNTNISSE

„Daran haben wir die Liebe erkannt, dass Er sein Leben für uns gelassen hat; und wir sollen auch das Leben für die Brüder lassen. Wenn aber jemand dieser Welt Güter hat und sieht seinen Bruder darben und verschließt sein Herz vor ihm, wie bleibt dann die Liebe Gottes in ihm? Meine Kinder, lasst uns nicht lieben mit Worten noch mit der Zunge, sondern mit der Tat und mit der Wahrheit" (1 Joh 3,16–18).

Das, was der Autor des ersten Johannesbriefes schreibt, ist im Grunde genommen nichts Neues. Es ist eine Übertragung des sogenannten Doppelgebots der Liebe. Jesus zitiert und kombiniert zugleich diese beiden Gebote aus dem Alten Testament als Zusammenfassung der Vielzahl der Gebote. Wir kennen den Text so: Du sollst den Herrn, deinen Gott, lieben von ganzem Herzen, von ganzer Seele, von ganzem Gemüt und mit all deiner Kraft … und deinen Nächsten wie dich selbst.

Fraglich war immer die Übersetzung des dritten Teils mit all deiner Kraft. Dazu muss man sagen, dass das Hebräische einen vergleichsweise geringen Wortschatz hat und viel Spielraum zur Interpretation lässt. Jüdische Ausleger finden deshalb später eine spannende Interpretation. Sie übersetzen: mit all deinem Vermögen, sprich: Geld. Da geht's ans Eingemachte, denn gesinnungsmäßig sind wir ja gerne großzügig – und im Kollektenbeutel landet das Bronzegeld.

Der Autor des ersten Johannesbriefes nimmt diese im hellenistischen Judentum verbreitete Zusammenfassung der Tora auf, indem er konkret wird: Wenn aber jemand dieser Welt Güter hat und sieht seinen Bruder darben und verschließt sein Herz vor ihm, wie bleibt dann die Liebe Gottes in ihm? Das geht einfach nicht. Gottesliebe und die Zuwendung zum Nächsten gehören zusammen. Und dabei ist der Nächste schlichtweg präpositional verstanden: der, der gerade vor mir steht. Meister Eckhart, der mittelalterliche Mystiker, sagte später: Immer ist die wichtigste Stunde die gegenwärtige; immer ist der wichtigste Mensch, der dir gerade gegenübersteht; immer ist die wichtigste Tat die Liebe.

Es hat schon seine Gründe, dass sich im frühen Christentum der Akzent von einer hohen Ethik gegenüber den Armen hin zu einer rigiden Sexualmoral verschob: Sexualität kann man im Verborgenen haben, Reichtum macht nur Spaß, wenn man ihn auch zeigen kann und die neidischen Blicke der anderen auf sich zieht. Der Autor des Johannesbriefes nennt so eine Moral doppelzüngig, er spricht sich aus gegen bloße Lippenbekenntnisse und fordert ein tätiges Christentum, ganz nach dem Vorbild Jesu, in Wort und Tat.

Christiane Birgden

TAT UND WAHRHEIT STATT LIPPENBEKENNTNISSE

Samstagmittag. Die Festgemeinde sitzt am Altar der Dresdner Frauenkirche. „Wundern Sie sich nicht, die meisten unserer Freunde bei der Trauung sind keine Christen", hatte das junge Paar im Gespräch einige Wochen zuvor gesagt. Und so schauen sie mich jetzt auch an: sehr interessiert und doch unsicher, was jetzt wohl geschieht. Kirchlich zu heiraten, erlebt man ja nicht jeden Tag.

Ein wenig zieht der barocke Bau mit seiner hohen Kuppel und den Spuren der Zerstörung und des Wiederaufbaus die Aufmerksamkeit der jungen Leute auf sich. Manche meinen vielleicht gar, diese Kirche sei gar nicht wirklich wahrhaftig, da es sich ja nicht mehr um das Original handelt. Aber viel Zeit für solche Gedankenspiele bleibt nicht. Denn das Brautpaar zieht in die Kirche ein und zieht die Blicke aller auf sich. Orgelklang erfüllt den Raum, dringt bis in die letzten Rundungen der steinernen Glocke.

Nachdem alle begrüßt sind und für das Paar gebetet wurde, soll jetzt die Predigt folgen. Und da hat sich dieses total verliebte junge Paar – beide so Mitte zwanzig – als Trauspruch ausgesucht: „Lasst uns nicht lieben mit Worten noch mit der Zunge, sondern mit der Tat und mit der Wahrheit" (1. Joh 3,18). Jetzt müsste man Gedanken lesen können, was die Hochzeitsgäste – sie auch mehrheitlich junge Leute zwischen zwanzig und dreißig – gerade denken. Jetzt schon mal den gegenwärtig so viel diskutierten Datentransfer vom menschlichen Gehirn hinüber auf eine elektronische Festplatte realisieren können, um zu sehen, was in den Köpfen der jungen Leute angesichts dieses Trauspruches wirklich vorgeht …

Das bleibt, Gott sei Dank, noch immer eine nicht erfüllbare Wunschvorstellung. Was auch bleibt, ist von den Gesichtern der jungen Gäste abzulesen: Ahnungslosigkeit. Die meisten von ihnen kennen den Trauspruch aus dem Neuen Testament nicht. Haben ihn noch nie gehört, geschweige denn gelesen. Und können ihn deshalb auch nicht einordnen. Sie nehmen ihn erst einmal so, wie er ist.

Und spüren, dass sie zu fragen beginnen: Wie, was? Das meinen die hier jetzt nicht wirklich so, oder? Nicht bei einer Hochzeit! Nicht, wenn zwei Menschen sich so lieben wie die beiden auf den Traustühlen. Sie können doch schon seit Wochen kaum noch voneinander lassen. Hand in Hand geht es durch den Alltag. Innig küssend feiern sie jede Begegnung, so oft es irgend möglich war. Zuletzt heute Morgen wieder, draußen vor der Kirche, bevor sich die Türen öffneten.

Und nun, auf dem Höhepunkt des Hochzeitstages, kommt der Pfarrer mit diesem verbalen Lusttöter daher. „Lasst uns nicht lieben mit Worten noch mit der Zunge.“ Mal ehrlich, geht das überhaupt? Liebe ohne Leidenschaft. Liebe, ohne dass ich mit allem, was mir Gott geschenkt hat – bis hin zu meiner Zunge – dabei bin. Zeig mal einer, wie das gehen soll: lieben ohne Zunge! Wahrscheinlich steckt etwas anderes dahinter: der erhobene Zeigefinger, die moralische Vermahnung. Aber das geht doch gar nicht! Nicht heute. Nicht in unserer Zeit. Wo leben wir denn?

Mal ehrlich: Eigentlich wundern einen solche Gedanken nicht. Nicht bei der zwiespältigen und selten wirklich wahrhaftigen Rede von Liebe und wahrhaftigem Leben, wie sie in der Vergangenheit als in den Kirchen zu hören kolportiert worden ist.

Wahrhaftig zu lieben – das ist der gute Hinweis, den die Heilige Schrift uns ans Herz legt. Um auf diese Weise zu lernen, wahrhaftig leben zu können. Mein Lieben und mein Leben finden in der Wahrhaftigkeit zusammen. Und das schließt den Anspruch ein, damit bei sich zu beginnen. Sich selbst wahrhaftig zu lieben und so anzunehmen, wie man ist. Aufzuhören, sich etwas vorzumachen, damit Schluss zu machen, sich selbst zu belügen. Vor dem Spiegel am Morgen. Beim Blick auf das viele Rot im Kontoauszug. Wenn ich wieder einmal allen sage: „Keine Sorge, ich schaffe das schon“, dabei kann ich es selbst nicht mehr glauben. Sich annehmen, so wie ich von Gott gewollt und geschaffen bin. Mit meinen vielen Macken und Falten und Fehlern und Minderwertigkeitsgefühlen. Mit meinen großen Stärken und Begabungen und all meinem Vermögen, das in mir steckt, das Gott in mir angelegt hat. Als ein Gut-Haben. Ein Guthaben für mich und andere.

Mich wahrhaftig zu lieben. Und den anderen an meiner Seite ebenso. In der Partnerschaft und in der Beziehung, in der Ehe, auch in der heute weit verbreiteten sogenannten Lebensphasen-Gemeinschaft einander anzuvertrauen, was uns wirklich ausmacht, was uns beschäftigt und umtreibt. Das ist die Geburtsstunde der Wahrhaftigkeit in der Beziehung und der Ehe.

Denn: Wir alle hören an so vielen Stellen den lieben langen Tag frisierte Informationen, geschönte Botschaften, nicht wirklich ernst und ehrlich gemeinte Worte. Manchmal gelingt es uns zu unterscheiden und abzuwägen. Ein andermal nicht – und dann ist die Enttäuschung groß. Wenn doch auch deshalb etwas mehr Aufrichtigkeit, das ehrliche, wohlwollende Wort in unser Gespräch mit dem Gegenüber im Leben einziehen könnte. Ein Ja wirklich ja und ein Nein nein bedeutet. Auch und gerade in der Partnerschaft.

Ein wenig erstaunt schauen einige der jungen Leute in der Kirche jetzt schon. So hatten sie sich das mit der Predigt nicht vorgestellt. Das hatten sie nicht erwartet: gleich mal auch selbst angesprochen zu werden. Plötzlich berührt diese erst so fremd daherkommende biblische Botschaft viel stärker, als sie erst gemeint hatten. Löst der Trauspruch eine Reihe von eigenen Gedanken aus: Wie steht es eigentlich um meine Wahrhaftigkeit in Reden und im Tun mit Menschen, die mir wichtig sind? Stimmt bei mir das, was ich zuerst denke und dann sage, mit dem überein, was ich am Ende tue?

Bei Licht betrachtet, endet die Wahrhaftigkeit im Reden und Tun oft schon auf den ersten Metern des Tages. Das Leben ist zu komplex und von Herausforderungen und Dilemmata geprägt, als dass immer alles glatt und vorherbestimmt ablaufen könnte. Turbulenzen und Momente des Scheiterns gehören ebenso dazu wie Krisen und Katastrophen. Wahrhaftig zu leben vermag, wer das weder vor sich noch vor anderen leugnen oder gar verschweigen muss, sondern dazu stehen kann: dass es Unvollkommenes gibt in meinem Leben. Dass ich längst nicht mit allem fertig bin. Dass die imperfekten Momente dazugehören. Für ein solches wahrhaftiges Leben bekommen wir keinen Preis. Vermutlich selten die große Anerkennung.

Aber wenn es trotzdem – oder gerade deshalb – einen Menschen gibt, der immer wieder einmal zu mir sagt: „Du, ich liebe dich! So, wie du bist", dann ist darin eine ganz große Lebensweisheit geschenkt. Und eine Liebesweisheit: Lasst uns nicht lieben mit Worten noch mit der Zunge, sondern mit der Tat und mit der Wahrheit. Nicht nur an sieben Tagen. Nicht nur sieben Wochen lang ohne Lügen in der Fastenzeit. Besser sieben mal sieben Wochen. Und noch besser sieben mal sieben Jahre. Da steht dann bald die Goldene Hochzeit an. Warum nicht in der Frauenkirche Dresden? Das geht.

Sebastian Feydt

Wahrhaftig leben – konkret

Beate Hofmann

Kennen Sie das Gefühl, beruflich oder persönlich im Leben in der Sackgasse zu stecken? Es läuft nicht mehr so, wie Sie sich das erträumt oder vorgestellt haben? In Augenblicken erschreckender Klarheit spüren Sie, dass Ihr Leben in die falsche Richtung läuft, und Sie haben das Gefühl, sich immer weiter von sich selbst zu entfernen. Ihr Leben ist zu einer Lüge geworden – zumindest in Ihrer eigenen Wahrnehmung.

Dann liegt es nahe, die Schuld dafür bei anderen zu suchen. Bei den Umständen, den Eltern, den Vorgesetzten oder den Politikern. Viele Menschen beginnen zu schimpfen, oder sie jammern, dass man ja keine Möglichkeit hat, in dieser komplexen Welt überhaupt noch etwas zu bewirken. Dabei übersehen sie, dass wir immer eine Wahl haben.

Es ist die Wahl, wie wir mit den Umständen, den Menschen, den Tatsachen umgehen wollen, die uns begegnen. Lessing legt Nathan, dem Weisen, den Ausspruch in den Mund: „Kein Mensch muss müssen." Also ist die Frage, was willst du und was willst du nicht. Wir sind eingeladen, die Verantwortung zu übernehmen, gerade wenn unser Leben eine Wendung nimmt, die uns nicht gefällt. Und das ist schwer, richtig schwer! Wie gut, wenn es ermutigende Beispiele gibt von Mitmenschen, denen das gelungen ist.

Ich war kürzlich im Albert-Schweitzer-Wohnhaus in Königsfeld im Schwarzwald. Einige Zitate aus dem intensiven Briefwechsel mit seiner Vertrauten und späteren Frau, Helene Bresslau, haben mich sehr berührt. Offensichtlich fühlte sich Schweitzer mit Ende zwanzig in einer Sackgasse des Lebens. Und das obwohl er äußerst erfolgreich studiert, promoviert und an der theologischen Fakultät von Straßburg habilitiert hatte. Er war ein gefragter Wissenschaftler, beruflich auf der Erfolgsspur unterwegs. Doch tief in sich spürte Albert, dass sein Weg ein anderer war. Er schreibt: „Ich will mich aus diesem bürgerlichen Leben befreien, das alles in mir töten würde, ich will leben, als Jünger Jesu etwas tun. Das ist das Einzige, woran ich glaube."

Wahrhaftig vor sich selbst zu sein, das hat Konsequenzen. Es verändert das Denken und führt ins Handeln. Wahrhaftig zu leben, kann schmerzhaft sein, denn deine Veränderungen sind nicht für alle verständlich. Vielleicht brichst du mit Wertvorstellungen und Konventionen deiner Familie oder Freunde und fühlst dich sehr einsam auf diesem Weg. Wie wichtig in so einer Zeit ein einziger Mensch ist, dem man vertrauen und vor dem man offen reden kann, das habe ich in den Briefen von Albert an Helene lesen können. Die großen Fragen und Entwicklungen des Lebens brauchen Zeit. Sie kommen nicht von heute auf morgen, sondern sie bahnen sich an. So schreibt Schweitzer: „Dieser Gedanke, nicht nur durch die Wissenschaft etwas zu sein, sondern durch das Leben, ist mir zunächst auf unerwartete Weise gekommen. Wie eine kleine Wolke in der Ferne, am Horizont, so erschien es mir. Und jetzt ist die Wolke größer geworden." Wahrhaftig zu leben, ist ein Weg, auf dem man sich schrittweise vorwärtstastet. Mich beeindruckt es, wie sich die Gedanken schließlich klären und Raum wird für etwas Neues. Schweitzer entschließt sich mit dreißig Jahren, noch einmal ganz von vorne zu beginnen. Aus dem Professor, dem Doktor der Philosophie und Theologie wird ein Student der Medizin. Er hat die Vision, nach Afrika zu gehen, um den Menschen als Arzt nahe zu sein. Viele Menschen konnten darüber nur den Kopf schütteln. Doch Schweitzer schreibt an Helene: „Ich erwarte etwas anderes, etwas, das mein Leben betrifft! Ich habe nicht mehr den Ehrgeiz, ein großer Gelehrter zu werden, sondern mehr – einfach ein Mensch."

Acht Jahre später brechen Albert und Helene Schweitzer nach Afrika auf. Auch wenn der Weg vor ihnen kein leichter ist, es ist definitiv keine Sackgasse mehr. Ihre Geschichte zeigt, wer seine Werte kennt und wahrhaftig lebt, der gewinnt eine Kraft, mit der er die Welt verändern kann.

Coaching-to-go-Tipps für mehr Wahrhaftigkeit im Leben:

- Veränderungen akzeptieren lernen: Suchen Sie sich einen Lieblingsplatz in der Natur, den Sie regelmäßig aufsuchen. Beobachten Sie, wie sich die Natur mit den Jahreszeiten verändert. Gibt es Veränderungen, die in Ihrem Leben dran sind? Vor welchen Veränderungen fürchten Sie sich?
- Wertefragen stellen: Beantworten Sie sich selbst einmal im Jahr folgende drei Wertefragen und prüfen Sie, ob Sie in Ihrem beruflichen und privaten Leben den eigenen Werten gerecht werden.
  - Was ist für mich so wesentlich, dass es meinem Leben fehlen würde, wenn es nicht da wäre?
  - Was ist meine ganz besondere Begabung und wo bringe ich sie ein?
  - Was verschafft mir echte Zufriedenheit und Lebensfreude?
- Den ersten Schritt beschreiben: Wahrhaftig leben bedeutet, genau hinzuschauen und dann ins Handeln zu kommen. Formulieren Sie einen einzigen Schritt, den Sie tun könnten, der Sie Ihrem Denken tatsächlich näherbringt. Woran wird sich zeigen, dass Sie diesen Schritt umgesetzt haben?

UNSER FRÄULEIN

Ich hatte den festen Vorsatz, nie mit der Frau eines Freundes zu schlafen. Aber immer, wenn ich mich dann für eine dieser Frauen interessierte, dachte ich nach und entdeckte, dass der Mann eigentlich gar kein Freund von mir war, so dass ich nie gegen meinen Vorsatz verstieß.

So beschreibt Albert Camus im Roman „Der Fall" einen Mann, der von sich glaubt, wahrhaftig zu leben, der glaubt, nach seinen Prinzipien zu leben. Diese Prinzipien sind ohnehin nicht die stärksten, denn Ehebruch ist für ihn kein Problem, solange keine Freundschaften im Spiel sind. Aber nach und nach muss der Erzähler in „Der Fall" einsehen, dass nicht einmal diese mickrigen Regeln sein Verhalten bestimmen. Weil er sie problemlos seinen Wünschen anpassen will und kann.

Wenn ich selbst bestimme, was die Wahrheit meiner Worte und Taten ist, dann verändert sich diese Wahrheit ganz allmählich, bis meine heutige Wahrheit das Gegenteil meiner früheren Wahrheit ist. Ein Horst Mahler konnte in den 70er-Jahren bei der RAF sein und in den 90er-Jahren bei der NPD und dabei immer glauben, er sei wahrhaftig.

Wenn meine Vorsätze und meine persönliche Ethik nicht dabei helfen, wahrhaftig zu leben, was dann? Vielleicht sind es die anderen Menschen, die mir den Spiegel vorhalten, die mich korrigieren, die mir sagen, was wirklich die Wahrheit ist?

Aber auch der Austausch mit anderen Menschen hilft nicht unbedingt. Das berühmteste Beispiel in der Filmgeschichte dafür ist der Klassiker „Rashomon“ von Akira Kurosawa. Die Tatsachen sind klar: Ein Samurai und seine Frau werden in einem Wald von einem Räuber überfallen, und am Ende ist der Samurai tot und die Frau geschändet. Aber wie es dazu gekommen ist – das beschreiben alle Beteiligten und ein heimlicher Zeuge komplett unterschiedlich, und alle Versionen klingen völlig plausibel. Wer was warum getan hat, das ist unmöglich zu klären, weil jede und jeder seine und ihre Wahrheit hat.

Wahrheit ist offenbar ein so kostbares Gut, dass man sparsam mit ihr umgehen muss, wie Mark Twain schrieb. Aber wahrhaftig leben – wie soll das gehen?

Meine Grundschullehrerin war streng katholisch und bestand darauf, dass wir sie mit „Fräulein“ ansprachen, weil sie nicht verheiratet war. Und dieses Fräulein sagte uns immer wieder, dass wir jeden Abend vor dem Schlafengehen den Tag durchgehen sollten, um zu sehen, was wir getan hatten. Das mache ich heute noch, vielleicht nicht mehr jeden Abend. Und diese Übung hilft mir, zu sehen, was ich für ein Mensch bin. Ich arbeite, ich lese, ich schreibe, ich spiele, ich lache gern, ich bin oft faul. Und manchmal lüge ich auch.

Die Lügen gehören zur Wahrheit über mich. Deshalb bedeutet „wahrhaftiges Leben“ für mich, einzusehen, dass die Wahrheit für mich oft nicht erreichbar ist. „Wahrhaf-

tiges Leben“ ist für mich die Inschrift am Apollotempel in Delphi: gnothi seauton, erkenne dich selbst. Aber wahrhaftiges Leben bleibt da nicht stehen. Aus dem ehrlichen Umgang mit mir selbst entsteht auch eine Folge für den Umgang mit anderen Menschen. Ich bin nicht besser oder schlechter als die meisten von ihnen, und deshalb kann ich mit ihnen so offen und ehrlich sein, wie ich es mit mir selbst bin. Ich kann freundlich sein. Ich kann neugierig sein, auf die Wahrheit anderer Menschen. Wahrhaftiges Leben bedeutet für mich, in aller Unwahrheit, Unfertigem, Noch-Offenem zu leben, und dafür bin ich unserem Fräulein in der Grundschule heute noch dankbar.

Christian Engels

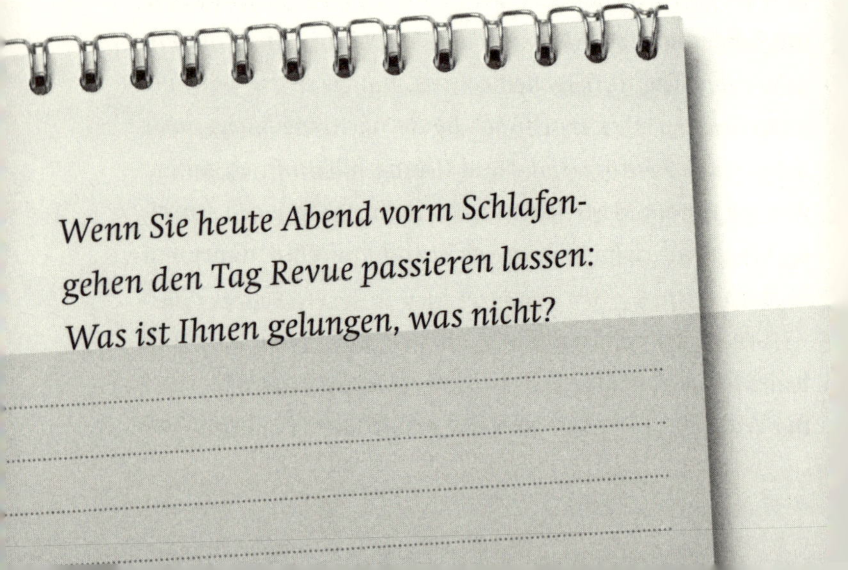

NUR GEDECKTE SCHECKS!

Vor 25 Jahren sang die Leipziger A-cappella-Band „Die Prinzen“: „Das ist alles nur geklaut, nur gestohlen, nur gezogen und geraubt. Entschuldigung, das hab ich mir erlaubt.“ Das Lied thematisiert einen Lebensstil, der vorgibt, der Sänger wäre reich, könnte sich ein großes Auto, weite Reisen und Extravaganz leisten. Viel Schein, wenig Sein. Ist das nicht ein Problem unserer Gegenwart, dass wir uns mit Geld, das wir nicht haben, ein Leben leisten, von dem wir fürchten, dass es am Ende die erwünschte Erfüllung gar nicht bringt? Die kleine Rate für den Flachbildschirm oder das Auto scheint bezahlbar. Aber natürlich muss am Ende die gesamte Rechnung beglichen werden. So führen wir nicht nur unser persönliches Leben, sondern so gestalten wir auch die große Politik. Fast alle Staaten leben über ihre Verhältnisse, geben viel mehr Geld aus, als sie haben, und leben so mit einem ungedeckten Scheck auf die Zukunft. Man hofft darauf, dass entweder die Inflation die Schulden auffrisst oder die Generation der Kinder und Kindeskinder Wege finden wird, die von der Elterngeneration aufgenommenen Schulden zu bezahlen. Ein solches Leben ist unwahrhaftig.

Wahrhaftig leben bedeutet, nur gedeckte Schecks auszugeben. Das einzulösen, was man versprochen hat. Und vor allem bedeutet es, das Leben nicht von einer Steigerung der materiellen Möglichkeiten zu erwarten, sondern von einem Leben aus der Liebe. Wahrhaftig leben, das ist lieben. Der erste Johannesbrief sagt es so: „Christus hat sein Leben für uns eingesetzt. Daran haben wir erkannt, wie groß seine Liebe zu uns ist. Genauso müssen auch wir unser Leben für unsere Geschwister einsetzen. Stellt euch vor: Jemand ist mit allem gut versorgt, sieht aber, dass sein Bruder oder seine Schwester Not leidet. Wenn er dann sein Herz vor ihrer Not verschließt – wie sollte da noch die Liebe Gottes in ihm wirksam bleiben? Ihr Kinder, unsere Liebe darf nicht nur aus Worten und Lippenbekenntnissen bestehen. Sie soll sich in Taten zeigen und darin, dass sie der Wahrheit entspricht" (1. Joh 3,16–18, BasisBibel).

Ein Leben, das der Wahrheit entspricht, ist ein Leben in der Übereinstimmung von Worten und Taten. Es ist vor allem ein Leben in der Pro-Existenz für andere. Es ist Liebe. Was aber ist Liebe? Ein Professor, der lange darüber geforscht hat, hat Liebe definiert als „wechselseitige Komplettannahme im Modus der Höchstrelevanz"[1]. Alles klar? Es ist offensichtlich nicht leicht, verständlich zu sagen, was Liebe ausmacht. Liebe ist eine positive Beziehung. Mein Gegenüber meint es gut mit mir und hat mich gern.

Die Bibel wagt etwas Ungeheuerliches und identifiziert Gott und die Liebe: „Gott ist die Liebe" (1. Joh 4,8.16). Liebe ist etwas so Großes und Schönes und Unverzichtbares, dass

1 Peter Fuchs, Liebe, Sex und solche Sachen. Zur Konstruktion moderner Intimsysteme, Konstanz 1999, 24f.

sie göttlich ist. Wer wissen will, was Liebe ist, was Liebe wirklich ist, nicht, was wir Menschen aus manchmal eigensüchtigen Motiven zur Liebe erklären, der muss sich auf Gott beziehen. Es ist etwas Großartiges, wenn ich erfahre, dass mich ein anderer (oder eine andere) liebhat, das Beste für mich will und dafür vielleicht sogar bereit ist, sich selbst zurückzunehmen. Mensch – für mich, nur für mich. Nicht alle Menschen erfahren in ihrem Leben eine solche Liebe.

Was Liebe ist, ist unter uns klargeworden, dadurch dass „Christus sein Leben für uns eingesetzt hat" (V. 16). Jesus ist die verleiblichte Liebe Gottes. Wir hätten es von uns aus nicht gewusst, was Liebe wirklich bedeutet. Zu oft wird Liebe und Selbstliebe verwechselt. Zu oft sage ich „du" und meine doch nur mich. Zu häufig sind Menschen unter dem Vorwand der Liebe missbraucht worden. Dabei meine ich nicht in erster Linie den Missbrauch, von dem wir fast täglich in den Medien hören oder lesen. Nein, es gibt zum Beispiel auch Mutter- oder Vaterliebe, die die Nähe ihrer Tochter oder ihres Sohnes für sich haben will und deswegen nicht loslassen kann. Es ist aber wahre Liebe, das eigene Kind in die Freiheit zu entlassen. Wir wissen selbst um die verborgenen Motive unseres eigenen Handelns nicht immer Bescheid. Deswegen musste Gott echte Liebe in diese Welt bringen, damit wir nicht unter dem Vorschein, einen anderen zu lieben, uns selbst lieben.

Es ist eine alte evangelische Tradition in der Fasten- oder Passionszeit, die Geschichte vom Leiden und Sterben

Jesu Christi zu lesen. Wenn du wissen willst, was Liebe ist, dann lies diese Geschichten, wo der Sohn Gottes für dich, für deine Sünde, für deine Versöhnung mit Gott stirbt. Er hätte es nicht gemusst. Aus freien Stücken ist er bereit, für dich Leiden, Sterben und Tod auf sich zu nehmen. Er schreibt einen von Gott gedeckten Scheck aus. Damit du das Leben hast. So gut meint er es mit dir. Ja, da nimmt dich einer komplett an. Das ist höchst relevant. So sieht Liebe aus. Ohne sie gibt es kein wahrhaftiges Leben.

Hans-Jürgen Abromeit

Wo erfahren Sie in Ihrem Leben wahrhaftige Liebe?

Der Stolperengel

Susanne Niemeyer

„Agentur für Engel“ steht auf dem Schild. Schlicht und pragmatisch hat es jemand mit zwei Schrauben an die Wand gebracht. Ein Zahnarzt hat im gleichen Haus seine Praxis, und ein weiteres Schild weist darauf hin, dass die Anwaltskanzlei Maier nun in der Königsgasse zu finden sei. Ich drücke die Klingel und warte. Ein Summer geht, hastig drücke ich die Tür auf. Im Treppenhaus riecht es nach scharfem Putzmittel. Die Agentur befindet sich im dritten Stock.

„Guten Tag“, sage ich zu der Person hinter dem Tresen und frage mich, ob das jetzt wohl auch schon ein Engel ist. „Das fragen sich alle“, schnarrt ihre Stimme. „Was wollen Sie denn?“

“ Schutzengel sind aus, die wollen alle. ”

„Einen Engel“, sage ich schüchtern, weil mir der Wunsch auf einmal verwegen vorkommt und ich gar nicht weiß, ob ich mir das leisten kann. Ich habe ja keine Ahnung, wie so etwas abläuft. „Schutzengel sind aus, die wollen alle“, entgegnet die Stimme. „Der Verkündigungsengel ist auf Urlaub, Saisonarbeit, Sie verstehen. Der Drachenkämpfer ist im frühzeitigen Ruhestand mangels Nachfrage. Wo gibt es heute schon noch Drachen? Die Paradiesengel sind nicht abkömmlich. Rachengel bieten wir ungern an, die machen eine schlechte Presse. Und die Friedensengel haben Burnout."

Ich hatte nicht geahnt, dass es so viele Engel gibt. „Ja", fährt die Stimme streng fort, „alle denken, so einen Engel, den hätten sie gern. Der kann nicht schaden. Der tut keinem was, der will nichts Böses, der passt auf, und dekorativ ist er noch dazu. Weiße Flügel soll er haben und goldenes Haar am besten auch noch. Oh – und die Harfe nicht zu vergessen! Meine Güte – wer hat den Leuten bloß solche Flausen in den Kopf gesetzt? Glauben die denn, ein Engel hätte nichts Besseres zu tun, als fromme Lieder zu singen?"

„Ich ... ähm, ich weiß nicht ...", stottere ich und merke, dass ich rot werde. „Was für einen Engel hätten Sie denn noch?"

Die Person blättert in einem abgegriffenen Buch. Erst jetzt bemerke ich, dass hinter ihr eine Uhr tickt. Sie hat keine Zeiger. „Hier!", sagt sie entschieden. „Einen Stolperengel können Sie haben!" „Bitte was? Was soll ich denn damit?" Sie sieht mich streng an. „Die Frage ist nicht, was Sie damit sollen, sondern was der Engel von Ihnen will." Langsam schwant mir, warum diese Agentur nicht bekannter ist. Dienstleistung sieht wirklich anders aus. „Also was ist? Nehmen Sie ihn?" Ich nicke eilig, weil ich Angst habe, dass auch dieser Engel gleich vergriffen sein könnte. „Gut", sagt die Person hinter dem Tresen und schreibt weiter in ihr Buch. Die Uhr tickt. Nichts passiert. Ich schaue mich suchend um. Schließlich wage ich es, mich zu räuspern. Die Person blickt auf. „Und?", frage ich. „Wo ist mein Engel?" „Keine Bange, er wird Sie finden." Ihr Kopf senkt sich wieder, und mir bleibt nichts anderes übrig, als zu gehen.

Wie mein Engel aussieht, habe ich nie erfahren. Aber seit diesem Tag schaue ich mich öfter verstohlen um. Irgendwo ist er und bringt mich ins Wanken.

Haben Sie Ihren Schutzengel schon mal gespürt? Wann und wie?

Für die Wahrheit streiten

6

7 WOCHEN OHNE

Für die Wahrheit streiten

Susanne Breit-Keßler

BIBLISCHE MINIATUR ZU APG 17,16–19.22–24

Der Apostel Paulus hält sich in Athen auf. Er sieht Götzenbilder und ärgert sich. Und gleich fängt er eine hitzige Debatte mit den Griechen über seinen Glauben an. Das kann man so machen, wenn man anderswo zu Gast ist. Man muss es aber nicht. Heutzutage würden Touristen die Zeugnisse einer anderen Religion besichtigen und zur Erinnerung fotografieren. Einige der Bilder gehen dann gleich elektronisch um die Welt, um Freunden, Verwandten und Bekannten zu zeigen: Hier bin ich gerade!

Hier bin ich. Das ist eine gute Basis für eine geistreiche Streitkultur. Ich zeige mich dem oder der anderen. Ich sage offen, was ich denke, artikuliere meine Sorgen und Befürchtungen und gebe vielleicht auch etwas von meinen Träumen und Hoffnungen preis. Damit werde ich identifizierbar und eröffne meinem Gegenüber die Chance, sich auch zu öffnen und ehrlich mit mir zu sein. In einem solchen Miteinander hört man aufeinander und bedenkt, was der oder die andere jeweils zu sagen hat.

In unserem Land wird inzwischen oft Kritik am Islam und den Muslimen laut. Beide scheinen gewaltig zu stören. Sie sind so anders, wirken gefährlich. Die Leidenschaft, mit der manche Muslime ihre Religion leben, wirkt verdächtig. Ich bin durchaus der Meinung, dass es der kritischen Auseinandersetzung mit dem Islam bedarf. Die Gleichberechtigung der Frau etwa ist für mich ein Thema, das diskutiert werden muss, wenn es um unsere Demokratie geht.

> "Hier bin ich, und das ist meine Position, für die ich gute Argumente habe."

Aber dazu muss unsereins schon deutlich sagen können: Hier bin ich gerade! Das ist meine Position und ich habe gute Argumente dafür. Ich kann, wovon ich überzeugt bin, sehr gut und sachlich untermauern. Muslime erkundigen sich oft und gerne nach unserem Glauben. Sie wollen wissen, warum wir Himmelfahrt und Pfingsten feiern, was Ostern bedeutet. Wenn dann nichts kommt, ist das für sie unverständlich. Und für uns, ehrlich gesagt, sehr peinlich.

Es ist notwendig, auskunftsfähig zu sein, um wirklich für die Wahrheit, auch für die unseres Glaubens streiten zu können. Nur Phrasen dreschen wird niemanden überzeugen. Selbstverständlich darf man auch die eigenen Gefühle beim Namen nennen. Aber bloß hetzen, wie es an manchen Orten geschieht, das ist keine redliche Auseinandersetzung. Das zeigt vielmehr Angst und Enge, die miteinander verwandt sind. Wer Angst hat, dem wird eng ums Herz. Und der Verstand verfinstert sich.

Paulus war möglicherweise zunächst auch nicht ganz wohl. Eine aufgebrachte Menge hätte ihn lynchen können für seine Worte. Wir müssen auch nicht in andere Länder reisen und dort im Zentrum lauthals erklären, was wir denken. Es reicht schon, wenn wir in der Familie, im Kollegenkreis und bei gesellschaftlichen Diskussionen klar wissen, was wir denken und wollen. Wenn wir hörfähig sind und andere Argumente sorgsam prüfen. Um die Wahrheit streiten ist anstrengend – aber schön.

RUNNING DINNER DER RELIGIONEN

Heute macht sich Hildegard auf den Weg. Sie legt den Schirm und die Geldbörse bereit, packt alles in die Handtasche und zieht die Wohnungstür hinter sich zu. Einmal im Jahr spaziert sie mit zweihundertfünfzig anderen Menschen in ihrer Stadt von Gotteshaus zu Gotteshaus. In Weimar nennen sie das „Running Dinner der Religionen". Der Spaziergang beginnt in diesem Jahr mit einer Vorspeise in der katholischen Kirche. Ein kleines Orgelkonzert. Der Priester spricht ein Mariengebet und alle singen Lieder aus Taizé. Meine Hoffnung und meine Freude. Im Anschluss gibt es bunte Vorspeisen. Hier begegnen sich Hildegard und Fatima. Sie stehen gemeinsam in der Schlange am Buffet. Ein kurzer Blickkontakt. Hildegard staunt über das Kopftuch, das Fatima trägt. Kunstvoll ist es gebunden, und doch findet sie die Verschleierung befremdlich.

Anschließend machen sich alle für den Hauptgang auf den Weg zur evangelischen Jakobskirche. Die beiden Frauen laufen nah beieinander. Vor der Kirche erwarten sie Posaunenklänge. Luther, Paul Gerhardt, das volle Programm. Befiehl du deine Wege. Fatima brummen die Ohren. Drinnen sitzen sich die Menschen im Kirchenraum an langen Tischen gegenüber. Auch Hildegard und Fatima sitzen nun an einem festlich gedeckten Tisch. Über die Suppe kommen sie ins Gespräch. Sie lernen sich kennen. Beide haben eine Flucht erlebt. Die eine aus Schlesien, die andere aus Syrien. Jetzt fragt Fatima: Was ist das eigentlich: „evangelisch“? Da hat Fatima viele Fragen. Noch nie war sie in einer Kirche. Und Hildegard hat viele Antworten. Die Kirche ist ihr Leben. Davon will sie erzählen. Und davon, dass Frauen in der evangelischen Kirche viele Rechte haben. Fatima hört aufmerksam zu, fragt zurück. Sie widerspricht, freundlich und doch klar. Unterschiede treten zu Tage, Vielfalt wird deutlich. Jetzt wird es für Hildegard erst interessant. Interreligiöser Dialog hört für sie bei der Suche nach den Gemeinsamkeiten nicht auf. Sie möchte die Vielfalt gestalten. Unterschiede kennenlernen und den Dialog suchen, wie mit der Vielfalt umzugehen ist. Hildegard hakt nach. Das mit dem Kopftuch findet sie bei allem Respekt befremdlich. Sie erzählt, wie sie sich selbst in ihrem Leben freikämpfen musste. Der Dialog braucht Offenheit und den Streit um die Wahrheit. Wer keine eigene Position hat, der wird im Dialog wenig zu sagen haben. Beliebigkeit ist Hildegard ein Graus. Jetzt sitzen sie an langen Tischen und ringen um die Wahrheit. Sie reden über Gott und die Welt. Gleich geht es zum Nachtisch in die Moschee. Dort will Hildegard mit dem Imam sprechen. Und Fatima soll übersetzen. Hildegard nimmt ihren Mut zusammen. Die Wahrheit braucht manchmal Anlauf. Und Menschen, die sich trauen, zu streiten und die Frage nach der Wahrheit offenzuhalten.

Ramón Seliger

METHODE WOCHENMARKT

Wenn ich auf den obersten Balkon des Hauses auf der anderen Straßenseite schaue, sehe ich dort gelegentlich eine blonde Frau um die vierzig Jahre, die in der Abenddämmerung Kerzen vor einer goldfarbenen Buddha-Statue anzündet. Auch vor der bronzenen Shiva-Statue daneben macht sie eine Kerze an. Manchmal kommt sie um Mitternacht noch einmal auf den Balkon, um neue Kerzen anzuzünden.

Nicht schön, wenn man gleich mehreren Religionen die Ehre erweist. Das fällt mir auch in dieser Passage der Apostelgeschichte auf: der Rede des Paulus auf dem Areopag. Die ganze Brüchigkeit des antiken Götterhimmels kommt in dieser Passage zum Ausdruck. Wenn zehn, zwanzig Göttinnen oder Götter nicht ausreichen, dann nehmen wir eben einen weiteren.

> “Ich misstraue allen, die eine einzige Lösung für alles anbieten.”

Paulus, der in Athen zuvor schon auf dem Markt gesprochen hatte, versuchte die skeptischen Städter für seine Botschaft zu gewinnen. Seine Argumentation: Er habe einen Altar gefunden, „auf dem stand geschrieben: Dem unbekannten Gott“. Nun könne er ihnen den Gott nennen, den sie „unwissend“ verehrten: „Gott, der die Welt gemacht hat und alles, was darinnen ist, er, der Herr des Himmels und der Erde …“

Ehrlich gesagt, ich halte diese Missionsstrategie für einfältig und durchsichtig. Nicht das Ziel der Mission – das ist genau richtig –, aber die Methode des Paulus. Sie hat etwas von einer Werbeveranstaltung auf dem Wochenmarkt: „Wenn Sie dieses Putzmittel kaufen, können Sie alle anderen, die bei Ihnen zu Hause noch rumstehen, wegwerfen."

Athen ist eine internationale Handelsmetropole. Vor allem ist sie die Stadt der Philosophen. Da reichen einfache Behauptungen nicht aus, um jemand von etwas Neuem zu überzeugen. Erwartungsgemäß muss Paulus für seine Rede auch Spott einstecken. Doch das stört ihn nicht. Er agiert ganz ungeniert, seine Methode ist verschwenderisch. Und tatsächlich gewinnt er in Athen damit einige neue Anhänger.

Ich hätte mir das als Athener nicht angehört. Ich misstraue allen, die eine einzige Lösung für alles anbieten. Allerdings hätte mich schon angesichts des Altars „Dem unbekannten Gott" eher Mitleid als Neugier ergriffen. (Historisch korrekt war übrigens die Formulierung im Plural: „Den unbekannten Göttern" – aber das steigert ja nur die Peinlichkeit.) Ein Gott, der sicherheitshalber durch andere auszutauschen ist oder unterstützt werden muss, ist keiner. Mich hätten statt solch haarsträubender Argumentation eher Erzählungen beeindruckt, zum Beispiel solche über die Begegnungen Jesu mit Sündern. Oder Heilungsgeschichten, Wundergeschichten, seine Leidensgeschichte.

In der vergangenen Woche standen Missionare vor meiner Wohnungstür, ein Mann und eine Frau. „Sind Sie glücklich?“, fragte die Frau. Und als ich genervt dreinschaute, sagte der Mann: „Aber es gibt einen Weg ins Glück.“ Ich bat um Verständnis dafür, dass ich diesen Weg nicht kennenlernen wollte.

Eduard Kopp

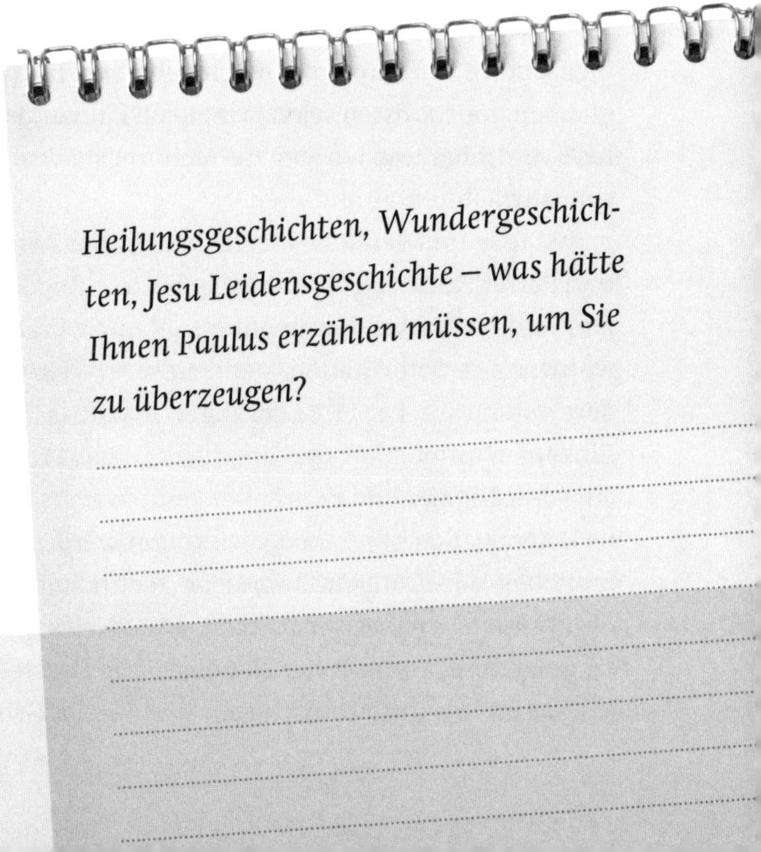

Für die Wahrheit streiten – konkret

Beate Hofmann

„Lügenpresse, Lügenpresse, Lügenpresse“, ich erinnere mich gut an das bedrückende Gefühl, als ich an einem nasskalten Novemberabend 2016 in Dresden über die Augustusbrücke zur Frauenkirche lief und dabei die hasserfüllten Rufe Tausender Demonstranten vom Theaterplatz herüberschallten. Was müssen Menschen für Erfahrungen gemacht haben, um zu glauben, Journalisten seien prinzipiell Lügner, Wahrheitsverdreher und würden die Meinungsbildung mit Unwahrheiten manipulieren?

Ich teile und verstehe die Sehnsucht nach wahrer und klarer Faktenlage, den Wunsch nach kluger Analyse und bedachten Kommentaren. Ja, wir brauchen wahrhaftige Information, denn unsere Welt verändert sich rasant. Die Fülle der Daten macht es für den Einzelnen unmöglich, den Überblick zu behalten. Um ein vollständiges Bild zu erhalten, müssen verschiedene Datenquellen miteinander verknüpft werden. Dazu brauchen wir Zeit, umfangreiche Technologie oder eben gute journalistische Arbeit. Fake News, gezielt eingesetzte, manipulierte oder einseitige Darstellungen haben uns misstrauisch gemacht. Es gibt Gründe für den Vertrauensverlust der Medien. Teuer gekaufte, aufwendig produzierte Anzeigen beeinflussen die Berichterstattung. Journalisten konzentrieren sich auf Nachrichten, die Aufmerksamkeit erregen und hohe Leserzahlen garantieren. Provozierende, aufsehenerregende Fotos oder Bilder verdrängen sorgfältig erarbeitete Recherchen. Doch jeden von uns trifft eine Mitschuld, denn das Verhalten der Konsumenten hat etwas mit dem entstandenen Produkt zu tun.

> “Wir brauchen wahrhaftige Information, denn unsere Welt verändert sich rasant.”

Ich muss mich also selbst fragen, welche Presse lese ich? Wen unterstütze ich, indem ich das Medium beziehe? Wie breit und vielfältig sind meine Informationskanäle und wo bilde ich mir meine Meinung? Jeder hat es schon erlebt, dass eine Berichterstattung, die auf Sensationen aufbaut, negative Emotionen in uns weckt. Wir fühlen uns traurig, hilflos oder wütend und bleiben innerlich gelähmt, passiv zurück.

Ich teile die Meinung, dass wir einen neuen, konstruktiven Journalismus brauchen. Medien, die nach den Hintergründen suchen, Zusammenhänge herstellen, informieren und dabei zuversichtlich nach vorne schauen. Autoren, die aufklären und zugleich zum Handeln ermutigen. Journalisten, die der Wahrheit verpflichtet sind und darüber hinaus Wege zeigen, wie es gehen kann.

Vor zwei Jahren wurde in Deutschland die Onlineplattform „perspektive-daily“ gegründet. Die Initiatoren sind engagierte Wissenschaftlerinnen und Journalisten, die der Überzeugung sind, sie können mehr tun, als Skandale aufzudecken oder mit minütlichen Updates um Aufmerksamkeit zu buhlen. Sie glauben, sie können neben Problemen auch Visionen und Lösungen zur Diskussion stellen. Nach einer Crowdfunding-Kampagne unterstützten 14.000 Menschen diese journalistische Arbeit mit einem Mitgliederbeitrag. Neben fünf sorgsam aufbereiteten Artikeln pro Woche haben sie damit auch das gute Gefühl, eine Presse zu ermöglichen, die für die Wahrheit eintritt.

Die Not oder Bedürfnisse der Menschen sehen, aufstehen, das Wort ergreifen, argumentieren, ohne zu verletzen und engagiert für eine neue Sicht der Dinge einzutreten, das können wir bei Menschen wie Paulus lernen. Mutig stellt er sich den Fragen, argumentiert und wirbt für den Wandel.

Über die Jahrtausende hinweg gab es immer wieder Männer und Frauen, die für die Wahrheit und für die Menschlichkeit eingetreten sind und sich selbst dabei nicht geschont haben. Mich hat das Schicksal der maltesischen Journalistin Daphne Caruana Galizia sehr berührt. Am 16. Oktober 2017 wurde sie durch eine Autobombe ermordet. Zuvor recherchierte sie gründlich und veröffentlichte in ihrem Blog höchst streitbare Texte über die beängstigende Korruption von Regierungskreisen auf Malta. Diese Wahrheit sollte verborgen bleiben, doch Daphne ließ sich nicht einschüchtern und bezahlte mit ihrem Leben dafür. Im Frühjahr 2018 rekonstruierte ein internationales Journalistenteam unter Leitung der ZEIT, woran Galizia gearbeitet hatte. Unter dem in Deutschland veröffentlichten Artikel stehen gleich vier Namen von Redakteuren. Die Zeitung begründet diesen ungewöhnlichen Schritt damit, dass ein Journalist durch die Reportage ähnlich gefährdet wäre wie Galizia. Die Gruppe gibt einen gewissen Schutz. Für die Wahrheit zu streiten, scheint gefährlich zu sein, auch in unserem Land. Deshalb bin ich dankbar für jede und jeden, der sich das Wort nicht verbieten lässt, wenn es darum geht, der Wahrheit einen Weg zu bahnen.

Coaching-to-go-Tipps für die Streitbarkeit der Wahrheit:

- Gute Nachrichten unterstützen: Welchen konkreten Schritt können Sie diese Woche tun, um gute Presse und wahrhaftige Autoren oder Journalisten zu unterstützen?
- Hier drei Tipps:
  https://www.perspektive-daily.de

https://www.positive.news
https://www.gapminder.org

- Für die Wahrheit aufstehen: Nehmen Sie in Diskussionen im Kollegenkreis, in der Großfamilie oder beim Elternabend in der Schule nicht einfach hin, dass Schuldzuweisungen und Verallgemeinerungen die Runde machen. Trauen Sie sich, aufzustehen und das Wort zu erheben, um den Schwarzsehern den Wind aus den Segeln zu nehmen. Geben Sie der Klarheit und der Besonnenheit Rückenwind.
- Konstruktives Streiten um die Wahrheit üben: Ein Streit kann konstruktiv sein, sofern der Andersdenkende zu Wort kommt, ausreden darf und gemeinsam um die Wahrheit gerungen wird. Das lässt sich einüben, und zwar in kleinstem Kreis. Sie haben genügend Übungsplätze dafür: zu Hause, im Freundeskreis, beim Einkauf oder in der S-Bahn.

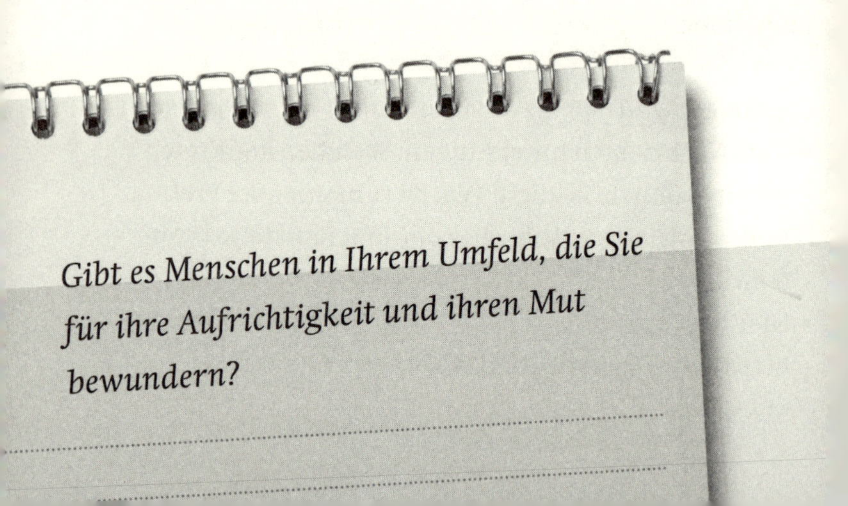

IMMER WIEDER MONTAGS

In Dresden versammeln sich seit einigen Jahren jeden Montag einige hundert Menschen. Man hat das Gefühl, dass sie sich damit in ihren Ansichten bestärken wollen. Auch in ihrer Ablehnung der gegenwärtigen gesellschaftlichen Lage und Ordnung. Dabei haben sie sich, besonders über die sozialen Medien, ein eigenes Meinungsspektrum und auch eine eigene Wahrheit geschaffen. Und doch haben sie damit auch die öffentliche Meinung und die Meinungsbildung der anderen beeinflusst.

Wenn ich kleine Freikirchen oder auch die Gemeinschaften betrachte, die wir früher Sekten genannt haben, tritt mir oft eine Meinungsbildung entgegen, die durch die Abgeschlossenheit eines weitgehend homogenen Systems und Weltbildes geprägt ist. Oft ist dann die Kommunikation, ja auch der Meinungsstreit schwierig.

Und dann fällt mir aus der Passionsgeschichte das Gespräch zwischen Pilatus und Jesus ein, welches mit der Frage von Pilatus endet: „Was ist Wahrheit?"

Wenn wir für die Wahrheit streiten wollen, müssen wir uns auch immer wieder diese Frage stellen. Man könnte sie, biblisch begründet, einfach beantworten, mit dem Zitat Jesu aus diesem Gespräch. Er sagt: „Ich bin dazu geboren und in die Welt gekommen, dass ich die Wahrheit bezeuge." So können wir von uns absehen, auch von unserer eigenen Wahrheit, und auf Jesus weisen. Dazu müssen wir uns aber auch mit seiner Wahrheit auseinandersetzen, uns von ihr einnehmen lassen. Und nicht gleich klein beigeben, wie Pilatus, der sich unter Druck dann der Auseinandersetzung entzieht.

Ein großer Streiter für die Wahrheit Jesu war der Apostel Paulus. Seine Begegnung mit den Philosophen in Athen ist ein kleines literarisches Meisterwerk von Lukas (Apg 17,16–34). Sie führt uns einen aufgebrachten, einen streitbaren Apostel vor Augen. Er redet erst vor den Juden und den Gottesfürchtigen in der Synagoge von Athen – fast noch ein Heimspiel, wie bei uns in der Kirche. Obwohl Paulus ja auch aus Synagogen manchmal ein scharfer Gegenwind entgegenkam. Hier aber geht er dann noch auf den öffentlichen Marktplatz und redet zu denen, „die sich einfanden". Und dann – wovor wir uns oft scheuen – die Auseinandersetzung mit den gelehrten Philosophen auf dem Areopag, dem Areshügel. Dort, wo Recht gesprochen und öffentlich diskutiert wurde. Wo die Wahrheit seit Jahrhunderten verhandelt wurde, über Gotteserkenntnis und Ethik und Politik gestritten wurde. Oft von Menschen, die es sich leisten konnten, das als ihren hauptsächlichen Lebenssinn anzusehen. Paulus setzt sich allein gegen einige von ihnen dem Gespräch, ja dann auch dem Spott aus. Um der Wahrheit, um des Evangeliums willen.

Ich habe mich in den vergangenen Jahren einige Male der öffentlichen Diskussion gestellt. Es ging um „die Wahrheit" in der Gesellschaft und in der Kirche. Und es war manchmal nicht ganz leicht, den Gegenwind und auch den Spott auszuhalten. Den aus den anderen und manchmal auch den aus den eigenen Reihen.

Aber – geht es denn in der gegenwärtigen und zukünftigen Auseinandersetzung um unsere eigene Ehre, oder um unsere eigene Wahrheit? Wenn ich innerlich lerne, davon mehr Abstand zu gewinnen, kann ich im Diskurs, privat oder öffentlich, befreiter und weniger angstbesetzt auftreten.

Ich brauche aber auch diese Auseinandersetzung – um der Wahrheit willen. Sonst wäre es doch nur meine eigene kleine Wahrheit aus meinem Kämmerlein oder auch nur meine eigene, innere Auseinandersetzung mit Gottes Wort. Die muss auch sein, aber sie muss sich dem Diskurs stellen und Auseinandersetzung ertragen. Nur so kann die Wahrheit geschärft und verteidigt werden.

Das wird immer wieder von uns erwartet. Dass wir uns als Christenmenschen oder als andere, suchende Menschen am religiösen und gesellschaftlichen Diskurs beteiligen und damit „der" Wahrheit, nicht nur „unserer" Wahrheit mit den Weg bereiten.

Die Geschichte auf dem Areopag, dem Areshügel, endet so, wie es uns dann manchmal geht: „Als sie von der Auferstehung der Toten hörten, begannen die einen zu spotten; die anderen aber sprachen: Wir wollen dich ein andermal weiterhören." Hoffentlich haben wir dann den Mut, weiter für die Wahrheit und unsere Mitmenschen einzutreten.

Christian Behr

GOTTES ABENDGEBET

Lieber Mensch,
es sind schlimme Zeiten
Ich sehe Menschen
die den Menschen hassen
Sie jagen und sie hetzen
sie zündeln
und sie kennen keine Scham
Ich habe eine Aufgabe für dich
eine einzige Aufgabe
Bitte vergiss sie nicht
bei allem, was du tust
Bring mehr Liebe in die Welt
Sie kommt nicht von selbst

Streite, kämpfe, protestiere, widersprich,
tu deinen Mund auf für die Schwachen
Gib der Liebe deine Stimme

Susanne Niemeyer

Die Wahrheit erwarten

7

7 WOCHEN OHNE

Die Wahrheit erwarten

Susanne Breit-Keßler

BIBLISCHE MINIATUR ZU JOH 14,1–7

Wieder einmal wälze ich mich schlaflos hin und her. Ein Problem aus der Arbeit malträtiert mich. Was soll ich bloß machen? Ich habe echt keine Idee. Manchmal ist es ein Streit, der mich nicht zur Ruhe kommen lässt. Warum habe ich mich nur so ausgesprochen blöd verhalten? Was hat mich denn da wieder geritten? Welche Worte kann ich finden, um den anderen um Verzeihung zu bitten? Schlaflos im Bett – das bin ich auch dann, wenn mich jemand so richtig gekränkt hat. Ich will ihm oder ihr das vermitteln – aber so, dass ich nicht wie die beleidigte Leberwurst aufkreuze, sondern ehrlich über meine Verletzung spreche. Nachvollziehbar.

Es gibt viele Ursachen, keine Ruhe zu finden. Meist sind sie darin begründet, dass man auf der Suche nach der Wahrheit ist – nach der eigenen, nach der anderer Menschen. Das kann einen ganz hübsch umtreiben. Soll es auch. Ruhig schlafen, was immer auch passiert, das ist ein gefährlicher Biedermeier-Look. Ein gutes Gewissen mag ein sanftes Ruhekissen sein, aber das Gewissen kann nicht immer stillschweigen, wenn es innerlich und äußerlich rundgeht. Lieber aufstehen, im Zimmer oder der Wohnung herumgehen, einen Kräutertee trinken, Gedanken notieren, die sonst wieder entschwinden würden …

Wenn Jesus sagt, dass wir in der Erwartung der Wahrheit nicht erschrecken sollen, dann weiß er, dass es vieles zum Erschrecken gibt. Und zugleich macht er Türen und Fenster auf. Schaut, sagt er. In der Freiheit Gottes gibt es viele Möglichkeiten, die Wahrheit zu entdecken, zu Entscheidungen zu kommen und damit gut zu leben. Ich gehe diesen Weg mit, ich bin sogar selber der Weg. Mich, die quirlige und unruhige Person, lehrt das zunächst einmal Geduld. Es geht nicht alles sofort, es gibt nicht für jede Frage gleich die adäquate Lösung. Die Wahrheit für mich zu entdecken, ist ein Prozess. In meines Vaters Haus sind viele Wohnungen.

Vielleicht stecke ich zuerst in einer kleinen Kammer fest, in der ich mich nicht recht bewegen kann.

Sitze besorgt im dunklen Keller oder tappe im spinnwebenverhangenen Speicher herum. Poltere die Stiegen hinunter oder rutsche tollkühn das Geländer abwärts. Alles möglich im Hause Gottes. Gewiss finde ich mit seiner Hilfe einen kleinen Austritt, einen Balkon mit Aussicht, eine weitläufige Terrasse. Oder ich ziehe mich in einen hellen Raum zurück, in dem ich Klarheit gewinne. Am Ende, hier oder später, das glaube ich, ist es der Ballsaal, in dem mich Gott empfängt. In dem ich befreit singe und spiele.

Diese seine Wahrheit – ich kann sie erwarten. Auch mal wieder schlaflos.

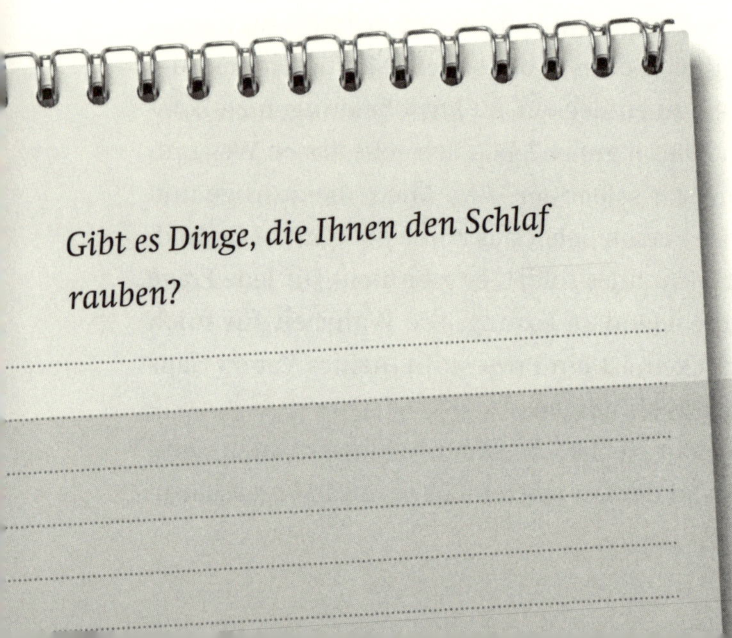

ALLES RELATIV? NICHT ALLES!

Sie kennen das: Ein Unfall ist passiert, und die Zeugen werden befragt. Jede Person ist in einer anderen persönlichen Verfassung und gibt die Situation aus ihrer jeweiligen Perspektive wieder. Nach der Befragung hat man viele Versionen des Unfallherganges – wahrscheinlich mindestens so viele, wie Zeugen befragt wurden. Jede Person nimmt das Geschehen durch ihren Wahrnehmungsfilter wahr. Wahrnehmen … Wahrheit … gibt es die absolute Wahrheit? Oder ist nicht alles eine Frage der Perspektive?

Das berühmte Jesus-Zitat „Ich bin der Weg, denn ich bin die Wahrheit und das Leben. Einen anderen Weg zum Vater gibt es nicht" erinnert mich an die Relativitätstheorie. Ich weiß nun nicht, wie es um Ihr Wissen bezüglich der Einstein'schen Erkenntnisse bestellt ist. Ich kann nur für mich sagen, dass ich in Physik und Mathe nicht unbedingt zu den Besten meiner Klasse zählte. Dennoch interessiere ich mich durchaus für naturwissenschaftliche Phänomene und halte im Folgenden mal ein paar Punkte fest, die mir bei der Recherche zu Einsteins Theorie aufgefallen sind.

Punkt eins: Geschwindigkeit wird gemessen, indem man eine Strecke durch eine Zeit teilt, z. B. 100 Kilometer pro Stunde (da komme selbst ich noch mit).

Punkt zwei: Licht bewegt sich immer in der gleichen Geschwindigkeit: 299.792.458 Meter pro Sekunde (das kann ich nicht nachmessen, da vertraue ich den Fachleuten).

Punkt drei: Je nach Geschwindigkeit verändert sich die Zeit – je schneller man sich bewegt, desto langsamer vergeht die Zeit (jetzt wird's kompliziert – für mich zumindest). Das kann man sogar beweisen, indem man zum Beispiel ganz genaue Uhren in extrem schnelle Flugzeuge packt und dann messen kann, dass diese Uhren langsamer laufen als die, die nicht im Flugzeug sind (wow!). In der Folge bedeutet das wohl unter anderem, dass Astronauten, die im Weltraum mit sehr hoher Geschwindigkeit unterwegs wären, langsamer altern würden als Menschen auf der Erde und dass feste Gegenstände bei sehr hoher Geschwindigkeit ihre Form verändern.

So, mehr Naturwissenschaft will ich Ihnen und mir lieber nicht zumuten. Unterm Strich habe ich verstanden: Alles (zumindest Raum und Zeit) ist relativ – außer der Lichtgeschwindigkeit. Die ist konstant.

Beim Stichwort Licht kommt mir eine andere „Ich-bin-Aussage" Jesu in den Sinn: „Ich bin das Licht für die Welt. Wer mir folgt, tappt nicht mehr im Dunkeln, sondern hat das Licht und mit ihm das Leben" (Joh 8,12 GNB).

Hier verhält es sich ähnlich wie mit dem ersten Zitat Jesu aus dem Johannesevangelium. Er spricht von Licht und Leben – genauso wie er von Weg, Wahrheit und Leben spricht. Und er sagt nicht, dass er das Licht, den Weg oder die (einzig wahre) Wahrheit gefunden hat. Nein, er sagt, er ist das Licht, der Weg, die Wahrheit, das Leben. Ich verstehe das so, dass, wenn wir uns an ihm orientieren, wenn wir so die Welt betrachten, unterwegs sind, handeln, wie er es tat und tut – dann kommen wir zu dem Ort, an dem uns Gott haben möchte. Dort ist das Leben in Ordnung. Dort herrscht Friede, Barmherzigkeit, Mitgefühl, Vergebung. Jesus und seine Art zu leben und zu lieben – daran muss sich alles messen. Alles andere ist relativ. Wenn wir uns an ihm orientieren, sind wir auf der sicheren Seite, dann wird Leben lebenswert. Paradiesisch.

Kennen Sie die Abkürzung WWJD – „What would Jesus do"? Die Frage „Was würde Jesus tun?" scheint mir ein guter Ansatz, um unser Verhalten im Alltag im rechten Licht zu betrachten. Ich würde die Frage sogar noch zugespitzter formulieren wollen: Was rät mir Jesus in diesem Moment? Denn er selbst sagt ja „Ich bin … das Licht, der Weg, die Wahrheit, das Leben …". Er beschreibt sich in der Gegenwart. Er ist unsere Orientierung, unser Kompass, der Weg. Wir können ihn jederzeit fragen, wenn wir mit unserem Latein – oder auch unserer Mathematik – am Ende sind. Und wenn wir nicht genau wissen, ob uns gerade die Zeit oder der Raum überholt oder einfach nur alles drunter und drüber läuft: Jesus ist die Konstante, an der wir uns jederzeit und mit Sicherheit festhalten und orientieren können.

Eva Jung

Die Wahrheit erwarten – konkret

Beate Hofmann

Heute habe ich eine Geschichte geschenkt bekommen. Ich gestehe, dass ich zuvor lange am Schreibtisch saß und und mir das Hirn zermartert habe, welcher Text, welches Erlebnis oder welche Geschichte passend zu dem Thema „Die Wahrheit erwarten“ ist. Mir fiel einfach nichts dazu ein. Irgendwie war alles in den anderen sechs Texten gesagt, und statt einer zündenden Idee meldete sich mein Magen. Knurrend erinnerte er mich daran, dass es Wichtigeres gibt, als Texte zu verfassen.

Ich radle also zum Bäcker und hole mir ein belegtes Käsebrötchen, hübsch garniert und sorgsam zubereitet. Die freundliche Verkäuferin legt mir Tüte und Wechselgeld auf den Tresen und bedient bereits die Nächsten in der Reihe, als ich das Geld in meine Börse stecke. „Komisch“, denke ich, „habe ich ihr nicht einen Zwanzig-Euro-Schein gegeben?“ Zurückbekommen habe ich zwei Zehn-Euro-Scheine und noch etliches Kleingeld dazu. Eigentlich könnte ich mich über den unverhofften Reichtum freuen, doch mir ist klar, dass das nicht mein Geld ist. Die Verkäuferin hat sich verrechnet, und ich kann mir denken, wie unschön diese Entdeckung für sie am Ende des Tages sein wird. Also lege ich den einen Schein zurück auf den Tresen, erkläre ihr kurz den Sachverhalt und verlasse den Laden.

Draußen muss ich schmunzeln. Treffender hätte das jetzt gar nicht kommen können. Ich habe ein Erlebnis geschenkt bekommen, was perfekt zu meinem Thema passt. Meine Laune steigt sprunghaft, und das Brötchen schmeckt gleich doppelt so gut. Vielleicht liegt es auch an dem dankbaren Lächeln der jungen Verkäuferin, was mich begleitet. Mir kommt es jedenfalls vor, als ob die Sonne plötzlich etwas heller scheint.

> „Die Wahrheit – klein wie ein Senfkorn, wirkmächtig wie Sauerteig."

So einfach, so normal und so unspektakulär ist das. Ich freue mich an dieser unverhofften Gelegenheit, wahrhaftig zu leben. Stellen Sie sich doch nur vor, wie es wäre, wenn wir alle, egal an welchem Ort und zu welcher Zeit, aufrichtig miteinander umgehen könnten! Stellen Sie sich vor, Sie bekämen in der Bank nur die Beratung, die Sie wirklich vorwärtsbringt, und der Autohändler verkaufte Ihnen tatsächlich ein Auto ohne Tücken, oder ein Zeugnis bräuchte keine Formeln, sondern spräche gerade aus, wo Stärken und auch Schwächen zu erwarten sind. Stellen Sie sich vor, eine Liebeserklärung wäre schlicht und wahr, eine Kritik ehrlich und wegweisend. Wir wären sensibler für unsere Versprechen, feinfühliger in der Wortwahl oder würden klarer spüren, wann wir uns zu Wort melden müssen. Das kommt mir himmlisch vor.

Seit Wochen beschäftige ich mich nun mit dem Thema der Wahrheit, und je mehr ich darüber nachdenke, wie wir wahrhaftig leben, ob es sich lohnt, für die Wahrheit zu streiten und wo wir die Wahrheit finden, desto mehr verwebt sich das Thema mit meinem Alltag.

Ich habe eine Ahnung davon bekommen und halte für möglich, dass wir viel aufrichtiger leben können, wenn wir die Wahrheit tatsächlich erwarten. Sich selbst erfüllende Vorhersage nennen Psychologen eine unbewusst ablaufende Verhaltensänderung, die einer starken Erwartungshaltung folgt. Diese führt häufig dazu, dass sich die Erwartung tatsächlich erfüllt. Es gibt spannende Experimente dazu, dass die Annahme eines Lehrers, besonders intelligente Kinder in der Klasse zu haben, wirklich dazu führt, dass etliche der Kinder eine höhere Leistung erbringen.

Ich habe Freude an dem Gedanken, die Wahrheit so zu erwarten und zu hoffen, dass sie sich erfüllt, so wie das Reich Gottes. Denn dann ist sie schon mitten unter uns, klein wie ein Senfkorn und wirksam wie Sauerteig.

Coaching-to-go-Tipps, um die Wahrheit zu erwarten

- Sich selbst offenbaren: Zeigen Sie sich in Gesprächen! Teilen Sie Ihre Gefühle klar und angemessen mit – ob Enttäuschung, Ärger oder Freude. Dabei muss die Wahrheit weder schroff noch verletzend sein. Im Kommunikationsquadrat, einem Modell von Friedemann Schulz von Thun, gibt es die Sach-, Beziehungs-, Appell- und die Selbstoffenbarungsebene. Dabei zeigt ein Sender dem Empfänger ganz klar seine eigenen Gefühle, Wertvorstellungen und Bedürfnisse mit dem Ziel, eine bessere, umfassendere Kommunikation aufzubauen.
- Das Mitteilungsbedürfnis prüfen: Überprüfen Sie Ihre Gesprächsbeiträge und Nachrichten in den sozialen Netzwerken, bevor diese online oder über die Lippen gehen. Sokrates empfahl seinen Schülern, ihre Aussagen zu prüfen, ob sie wahr, gut und notwendig sind. Das ist vergleichbar mit drei Sieben, durch wir unsere Aussagen im Vorfeld filtern können, um wahrhaftig mit anderen umzugehen.
- Ein kommunikatives Senfkorn pflanzen: Mit welchem Wort oder Satz können Sie heute einen anderen Menschen ermutigen, bestätigen und fördern? Wer darauf achtet, wird in manchen Momenten bedachter reagieren oder der eigenen Intuition folgen und die Kraft der Worte nutzen.

WARTEN, WARTEN – DAS KANN DOCH NICHT WAHR SEIN!

Warten, warten, warten! Gibt es den keinen anderen Weg als diesen? Was sagt mein Navi? Das kann doch nicht wahr sein! Ich habe die exakte Zieladresse eingegeben und jetzt schickt mich der elektronische Alleswisser ins Niemandsland. Ich möchte jetzt endlich wissen, wo unser Ziel ist und welchen Weg du vorschlägst. „Ich hab zwar keine Ahnung, wo ich hinfahr, aber dafür bin ich schneller dort!" So sang einst Helmut Qualtinger in der „Halbwilde" über sich und sein Motorrad.

Es ist unbegreiflich, aber wohl wahr. Was heute als der richtige Weg zum Glück erscheint, kann sich schon morgen als falsch erweisen. Und Gott? Gib uns doch endlich den einen Weg! Wir beteiligen uns doch täglich am Wett-Beten um deine Wahrheit. Und du lässt uns nur wissen, was Jesus so formuliert: „Ich bin der Weg, die Wahrheit und das Leben. Niemand kommt zum Vater außer durch mich." Super! Und was heißt das?

Die Einsicht, nicht hundertprozentig genau zu wissen, ob wir auf dem Pfad der Tugend unterwegs sind, und die daraus entspringende Aufforderung, sich nicht überheblich gegenüber anderen, den vermeintlich Dummen, Sündern, Halbgebildeten, Kapitalisten oder „Ausländern" zu verhalten, ist starker Tobak. Bevor man andere aburteilt oder bestraft, soll man innehalten und sich selbst fragen, wie

„unschuldig" man sei. „Derjenige von Euch, der ohne Schuld, werfe den ersten Stein." Soll das denn wahr sein? Ich habe auch schon solchen Mist gemacht, es aber für mich behalten. Wo kämen wir denn sonst hin? „Und weil Wahrheit eine Perle, wirf sie niemals vor die Säue", hat Theodor Storm es formuliert. Ich muss doch nicht jedem verraten, dass ich mich auch schon schuldig gemacht habe! Nein, muss ich nicht. Aber bevor ich den Stein auf die Schuldigen werfe, kann Innehalten ganz nützlich sein.

Durchatmen. Fragen. Nachdenken. „Ach so, ich habe dich nur falsch verstanden. Du hast mich gar nicht angelogen. Ein Missverständnis. Dann erzähl mir mal, wie du es tatsächlich gemeint hast." Du hältst das Fahrverbot für blöd, nicht weil du ein passionierter Umweltverschmutzer bist, sondern weil du nicht weißt, wie du ohne Auto zu deiner Arbeit kommen kannst. Warte, ich habe da eine Nahverkehrs-App. Lass mich mal tippen. Okay. Nee! Stimmt. Ohne zweimaliges Umsteigen geht es nicht. Aber vielleicht könntest du mit jemandem eine Fahrgemeinschaft bilden? Warte mal, ich frage mal meine Frau. Die fährt ja auch jeden Tag in die Richtung. Mindestens bis zum Marktplatz könnte sie dich mitnehmen. Von dort sind es mit dem Bus noch drei Stationen bis zu eurer Firma – ohne Umsteigen. So ist das Leben. Und so ist der Weg zur Wahrheit. Suchen und finden.

Und jetzt stelle ich fest, dass das Navi mich genau dorthin geführt hat, wo ich hinwollte. Nur über einen anderen

Weg, weil die mir bekannte Zufahrt derzeit eine Baustellen-Sackgasse ist. Es heißt ja, alle Wege führten nach Rom. Aber manchmal eben mit einer Umleitung, die uns absolut fremd ist.

Arnd Brummer

Fallen Ihnen Dinge im Leben ein, wo sich im Nachhinein ein Umweg als goldrichtig erwiesen hat?

DIE WAHRHEIT VON KARLSSON AUF DEM DACH

Sieben Wochen ohne Lügen? Undenkbar! Was wäre da mit Karlsson geworden und mit Lillebror? Diesmal lädt Karlsson ihn zu Kakao und Zimtwecken auf seinen Treppenvorplatz ein. Genau zur rechten Zeit, denn Lillebror ist in seinem Zimmer gefangen. Fräulein Bock, die Hausgehilfin („der Hausbock“) hat ihn eingesperrt. Eine Strafe.

Karlsson entführt ihn zu sich aufs Dach. Dort gibt es Wecken und Kakao. Lecker, aber woher kommt das alles? Kakao, Zucker und Milch hat Karlsson aus der Küche unten entführt und brav mit fünf Öre bezahlt. Das Geld? Das kommt aus einem Portemonnaie, das er auf der Straße gefunden hat. Lillebror bedauert den Verlierer. Karlsson sagt nur, da hätte der halt besser aufpassen müssen. Es stellt sich heraus: Er hat gesehen, wie ein Taxifahrer es verloren hat – und hat es trotzdem genommen.

Die zehn Zimtwecken hat Karlsson zwischen beiden gerecht aufgeteilt: sieben für sich und drei für Lillebror. Als der sagt, dass drei ja wohl nicht die Hälfte von zehn sind, macht Karlsson sich einfach über die komischen Mathe-Regeln in der Schule lustig. Und dann erfindet er schnell eine seltsame Krankheit, das Weckenfieber – nur um Lillebror noch dessen dritten Zimtwecken abzuluchsen.

Lillebror ist trotzdem glücklich. Trotz dieser Lügen und obwohl seine Familie ihm immer noch nicht glaubt, dass es

Karlsson wirklich gibt. Denn der bringt Lillebror durchs Fenster in sein Zimmer zurück, und während Fräulein Bock, die ihn in der Zwischenzeit gesucht hatte, sich noch wundert, warum er auf einmal über sein Rechenbuch gebeugt am Schreibtisch sitzt, schließt Karlsson von außen leise die Tür ab und lässt sie am eigenen Leibe spüren, was es bedeutet, eingesperrt zu sein.

Die Wahrheit erwarten … – Wie viel Wahrheit liegt auf dem Weg zum Leben? Von wem erwarte ich Wahrheit, und von wem, dass er sie liebevoll ‚verpackt' – oder besser ganz verschweigt? Wie viel Wahrheit ertrage ich überhaupt: über mich, über die Beziehung, in der ich lebe oder die ich mich nicht einzugehen traue, über die Krankheit, die zu haben ich fürchte, über das Ausmaß meiner Schulden, über das, was andere von mir denken und über mich sagen?

Klar gibt es die, die sich immer nur durchmogeln und mit einer gesunden Portion Täuschung, Prahlerei, Getrickse und Ausgebufftheit durchkommen, meistens. Und es gibt die, die darunter leiden, dass sie nicht so sind. Sie erwarten die Wahrheit oder jedenfalls, dass sie sich endlich durchsetzt, denn im Grunde ist sie ja schon da, jemand hat sie, bestimmt. Nur die, auf die es ankommt, die erkennen sie nicht. Noch nicht. Die meisten sind ja so blind, so blind.

Was ist denn „wahr"? Wenn eine Aussage X mit einem Sachverhalt übereinstimmt? Wenn eine Aussage Y in einem widerspruchsfreien Zusammenhang steht mit anderen Aussagen, die ebenfalls als wahr erwiesen sind und einan-

der nicht widersprechen? Aussage Z, weil über sie in einem herrschaftsfreien Diskurs eine Verständigung erzielt wurde? Etwas, das sich in der Erfahrung bewährt und als gut und nützlich erweist? „Wahrheit ist letzten Endes Hinführung zu einem offenen, jetzt geöffneten, jetzt klar bestimmten Leben“ (Kornelis Heiko Miskotte). Ach ja?! In meines Vaters Hause sind viele Wohnungen.

Er mag keine Romane, weil die Geschichten darin nur ausgedacht sind. Aber wie öde ist denn ein Bücherschrank, der nur aus Sachbüchern besteht!

Nachdem Birger Fräulein Bock aus Lillebrors Zimmer befreit hat, geht sie in die Küche, um das Mittagessen zu machen. Jemand hat an die Wand geschrieben: „Nimm dich in Acht! In deinen schamlos teuren Wecken müsste mehr Zimt sein!“

Johannes Goldenstein

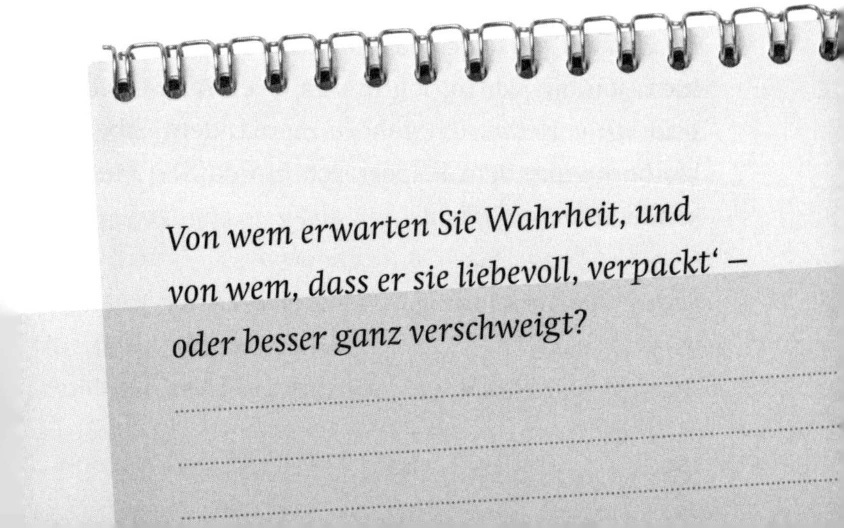

Ich bin

Susanne Niemeyer

Die Wahrheit spricht:

Ich bin ein Sonnenaufgang und das Massengrab unterm Weizenfeld. Ich bin ein Molekül im Reagenzglas und eine Liebeserklärung. Ich bin der Baum im Paradies und das Tor zur Hölle. Ich bin die Einkaufstasche am Totenbett, beiläufig abgestellt. Ich bin das Ja in der Hochzeitsnacht, und vielleicht werde ich auch das Nein sein, zweitausend Morgen danach. Ich habe viele Gesichter. Ich bin der Staub in der Luft und das Licht, das seinen Tanz anstrahlt. Ich bin das Gesagte und das Noch-nicht-Gedachte. Ich bin der Schreck in den Gliedern. Ich bin das Stolpern im Lauf der Dinge. Ich bin das Für im Wider und das Wider im Für. Ich bin die Unvollendete, ich bin zart, ich bin hart, ich bin warm, ich bin kalt, ich bin verletzbar und ich verletze. Ich gehöre niemandem. Aber ich bleibe niemandem erspart. Ich bin da. Die Mutigen schauen mein Gesicht.

Welches Gesicht hat die Wahrheit
für Sie?

Autorinnen und Autoren

Hans-Jürgen Abromeit, *Dr., Bischof im Sprengel Mecklenburg und Pommern der Evangelisch-Lutherischen Kirche in Norddeutschland.*

Christian Behr, *Superintendent von Dresden-Mitte.*

Christiane Birgden, *Gemeindepfarrerin in Hürth.*

Johann Hinrich Claussen, *Beauftragter vom Rat der EKD für Kultur und Leiter des Kulturbüros der EKD in Berlin.*

Susanne Breit-Keßler, *Regionalbischöfin, ständige Vertreterin des Landesbischofs und Oberkirchenrätin im Kirchenkreis München und Oberbayern.*

Christina Brudereck, *Theopoetin, Essen.*

Arnd Brummer, *geschäftsführender Herausgeber der Zeitschrift „chrismon“.*

Siegfried Eckert, *Gemeindepfarrer in Bonn und Autor zahlreicher Bücher.*

Christian Engels, *Pfarrer und Senderbeauftragter im Gemeinschaftswerk der evangelischen Publizistik für das Privatfernsehen, die Deutsche Welle und Phoenix.*

Sebastian Feydt, *Pfarrer an der Dresdner Frauenkirche.*

Johannes Goldenstein, *Dr., Referent für Gottesdienst und Liturgie im Amt der Vereinigten Evangelisch-Lutherischen Kirche Deutschlands.*

Martin Hauger, *Dr., Oberkirchenrat, Referat Glaube und Dialog, im Kirchenamt EKD.*

Beate Hofmann, *Autorin, Dozentin an der Evangelischen Hochschule Moritzburg und Life-Coach (www.hopeandsoul.com).*

Eva Jung, *Kommunikationsdesignerin und Autorin (www.gobasil.com).*

Henning Kiene, *Pastor für das Reformationsjubiläum 2017 im Kirchenamt der EKD.*

Eduard Kopp, *leitender Redakteur für Theologie beim evangelischen Magazin „chrismon".*

Susanne Niemeyer, *freie Autorin, Kolumnistin und Bloggerin (www.freudenwort.de).*

Ramón Seliger, *Pfarrer an der Stadtkirche St. Peter und Paul (Herderkirche) Weimar.*

Martin Vorländer, *theologischer Redakteur im Medienhaus der Evangelischen Kirche Hessen und Nassau.*

Karl Weber, *Pfarrer in Sondershausen.*

Mal ehrlich!